上海智库报告

SHANGHAI ZHIKU BAOGAO

超大城市韧性建设

关键基础设施安全运行的上海实践

孙建平 苑辉 李欢 等 / 著

上海人民出版社

出 版 说 明

　　智力资源是一个国家、一个民族最宝贵的资源。中国特色新型智库是智力资源的重要聚集地，在坚持和完善中国特色社会主义制度、全面推进中国式现代化过程中具有重要支撑作用。党的十八大以来，习近平总书记高度重视中国特色新型智库建设，多次发表重要讲话、作出重要指示、提出明确要求，强调把中国特色新型智库建设作为一项重大而紧迫的任务切实抓好。在习近平总书记亲自擘画下，中国特色新型智库的顶层设计逐步完善，智库建设迈入高质量发展的新阶段。

　　上海是哲学社会科学研究的学术重镇，也是国内决策咨询研究力量最强的地区之一，在新型智库建设方面一向走在全国前列。近年来，在市委和市政府的正确领导下，全市新型智库坚持"立足上海、服务全国、面向全球"的定位，主动对接中央和市委重大决策需求，积极开展重大战略问题研究，有力服务国家战略，有效助推上海发展。目前，全市拥有上海社会科学院、复旦大学中国研究院等2家国家高端智库建设试点单位，上海全球城市研究院、上海国际问题研究院等16家重点智库和10家重点培育智库，初步形成以国家高端智库为引领，市级重点智库为支撑，其他智库为补充，结构合理、分工明确的新型智库建设布局体系。

　　"上海智库报告"是市社科规划办在统筹推进全市新型智库建设的过程中，集全市之力，共同打造的上海新型智库建设品牌。报告主要来自市社科规划办面向全市公开遴选的优秀智库研究成果，每年推出一辑。入选成果要求紧扣国家战略和市委市政府中心工作，主题鲜明、分析深刻、逻辑严密，具有较高的理论说服力、实践指导作用和决策参考价值。"上海智库报告"既是上海推进新型智库建设的重要举措，也是对全市智库优秀研究成果进行表彰的重要形式，代表上海新型智库研究的最高水平。

　　2023年度"上海智库报告"深入学习贯彻落实党的二十大精神，紧密结合主题教育和十二届市委三次全会精神，聚焦上海强化"四大功能"、深化"五个中心"建设的一系列重大命题，突出强调以落实国家战略为牵引、以服务上海深化高水平改革开放推动高质量发展为基本导向，更加注重报告内容的整体性、战略性和前瞻性，引导全市新型智库为上海继续当好全国改革开放排头兵、创新发展先行者，加快建设具有世界影响力的社会主义现代化国际大都市，奋力谱写中国式现代化的新篇章提供智力支撑。

上海市哲学社会科学规划办公室

2023 年 9 月

目　录

序

　　同济大学城市风险管理研究院报送"关键基础设施视角下的城市韧性体系构建与发展研究"入选 2023 年上海优秀智库报告，孙建平院长带领团队以此为基础，优化调整充实成《超大城市韧性建设》呈现给公众。在继《超大城市风险治理》《超大城市智慧应急》之后，这是深耕城市安全运行的又一成果。全书以全生命周期的免疫力、治愈力、恢复力这"三个力"来诠释安全韧性的内涵要义，立足风险可防可控可救以城市生命线之关键基础设施作为载体，注重理论与实践的有机结合，符合我国超大城市起步、扩张、更新和跃升的一般规律，对城市风险管理学的执着探索和理论创新值得充分肯定。

　　党的二十大报告提出推进国家安全体系和能力现代化，打造宜居、韧性、智慧城市，这是坚持以人民为中心的宗旨理念，走上推进城市高质量发展的新征程。站在中国式现代化起跑线上，我们对城市风险治理、安全发展到韧性建设五个基本点越来越明晰：一是明确安全是最重要、最基础的公共管理内容，其特性也决定了城市安全的管理难度；二是充分认识城市安全是国家战略，在城市化高度发展的今天，韧性城市集中承载着安全、发展和效能；三是城市安全韧性是系统性、整体性工程，这是由城市风险特征决定的，也是未来安全体系建设的方向；四是城市安全向韧性能力提升迈进，这是城市应对新风险、新挑战，全面提升风险防控能力的基本方向和重要内容；五是城市安全是高质量发展的基石，如何统筹安全运营和创新发展，是未来城市发展面临的必答题，更是及格与否的决定题。《超大城市韧性建设》正是遵循党的二十大报告精神，在战略机遇和风险挑战并存、不确定和难预料因素增多，各种"黑天鹅""灰犀牛"事件随时可能发生，强调必须增强忧患意识，坚持底线思维，增强抗击风险的能力。

城市是一个整体有机生命体。《超大城市韧性建设》探索韧性理念内涵，创造性地运用日常人体的免疫力、治愈力、恢复力来概括城市韧性能力，对应到城市风险的预防、控制和救援。"三个力"形象生动、通俗易懂，也蕴含着知易行难与迭代创新。归根结底免疫力最为关键，党的二十大提出强化"预防为主、安全第一"，标志着从侧重事故事后处理进一步向注重事前预防转变，需要有良好的硬件设施为物质基础，也离不开提升精细化管理水平相匹配。有了韧性建设的理论基础，以安全韧性为导向，正确认识、科学评估城市运行现状，勇于探索和遵循城市安全运行的内在规律，不断增强应急救援能力，就能确保超大城市风险始终处于可控状态，即使遭遇极端状况的袭击，也能在最短时间内迅速恢复，彰显中国特色社会主义制度优越性和人民至上、生命至上的执政理念。

《超大城市韧性建设》编著者以关键基础设施为研究对象，内容主要涉及与社会经济和人民群众生活息息相关的城市生命线，水安全、电力、燃气、通信和四通八达的交通设施，充分显示城市运行是一个超级复杂而庞大的系统。比如上海濒江临海，每年或多或少遭遇台风暴雨袭击，风、暴、潮"三碰头"对城市安全运行构成威胁，甚至出现过风、暴、潮、洪"四碰头"，安全防汛是各级政府和老百姓都关注的大事。再如上海地铁运营30年间跻身世界第一，运营里程

831 公里并有多线在建，众多越江跨海桥梁隧道也多是在这短短的 30 年间建成投入运行，作为城市建设发展的亲历者们为此既充满自豪与欣慰，又深感安全运行责任越来越重。一些重大事故发人深省，一代又一代的建设者与管理者唯有临深履薄，心怀敬畏，破解难题，锐意进取，才能为社会主义现代化国际大都市作出更多贡献。

天道酬勤，不负初心。同济大学城市风险管理研究院成立六年多来，在孙建平院长带领下，著书立说、创新理论，讲学授课、决策咨询、课题研究、项目实践以及人才培养等多点并进，融会贯通，取得了令人刮目相看的优异成绩，为我国特别是上海城市安全运行贡献智慧与心血。"城市安全风险管理丛书"填补业界空白获得第八届中华优秀出版物奖；业内所称蓝皮书——《上海城市运行安全发展报告》每两年出版一本，2021—2022 年度第三册即将面世；"超大城市"正在书写三部曲。深耕城市安全的初心在中国式现代化发展的时代背景下更需坚守，也期待专家学者、业内人士和社会各界及时给予评审和指正，使城市风险管理从理论到实践不断得到丰富和完善，共创安全、幸福的美好未来。

沈　骏

2023 年 5 月 30 日

第一章
安全韧性城市能力框架

韧性城市是具备在逆变环境中承受、适应和快速恢复能力的城市，是城市安全发展的新范式。上海作为中国GDP总量排名最高的超大型城市，产业高度聚集、人口大量迁徙流动、高层建筑林立、道路交通满负荷运行，常住人口接近2500万，8层以上的高层建筑超过5万幢，拥有路灯、消防栓等1495万多个城市部件，水、电、气、油等地下管网设施长度超过12万公里，地铁、隧道等地下空间开发规模巨大，城市工业用地及开发区内部重大危险化学品企业众多，城市公共安全风险长期存在。随着突发公共卫生事件冲击、极端天气引发的自然灾害等不确定因素影响日益增加，大数据、人工智能、无人驾驶等新兴技术加快推广应用，技术创新带来的"双刃剑"效应将逐步显现。在错综复杂的发展格局下，上海作为超大城市面临的风险挑战更具不确定性和复杂性，成为"高风险社会"的"重点场域"及各类传统和非传统安全风险的"高发地"。

党的二十大提出以新安全格局保障新发展格局，推动高质量发展，打造宜居、韧性、智慧城市。韧性城市是上海未来发展的方向，尽管上海等超大城市提出了"韧性城市"的建设目标，并已经逐步从理论走向实践，但韧性城市作为一项极其复杂的系统工程，缺乏具体的重大举措和实施抓手，韧性城市建设仍处于起步阶段。

从当前城市发展的内在要求和外在压力看，韧性城市建设应抓住能力提升这一关键，对城市的韧性能力做出评价，从免疫力、治愈力、恢复力三个关键维度推进安全韧性城市建设，不断提高上海城市韧性建设发展水平。

第一节　韧性城市建设是超大城市高质量发展要求

当前我国城市化进程已经入高质量发展的新阶段。增强城市韧性，已成为城市可持续发展的核心要素之一。2020年4月，习近平总书记在《求是》杂志上发表题为《国家中长期经济社会发展战略若干重大问题》的重要文章中指出，要在生态文明思想和总体国家安全观指导下制定城市发展规划，打造宜居城市、韧性城市、智能城市，建立高质量的城市生态系统和安全系统。我国"十四五"规划提出要"建设韧性城市"，顺应城市发展新理念新趋势，开展城市现代化试点示范，建设宜居、创新、智慧、绿色、人文、韧性城市。上海"十四五"规划指出要"提高城市治理现代化水平、共建安全韧性城市""全面提升城市运行的功能韧性、过程韧性、系统韧性"。2022年上海市第十二次党代会明确加快推进韧性城市建设。超大城市高质量发展必须增强抵御风险挑战的能力，这是城市保持生机活力的基础。

一、中国式现代化城市发展要求统筹发展与安全

现代化是人类社会发展的潮流，城镇化是现代化的必由之路。改革开放以来，我国经历了世界历史上规模最大、速度最快的城镇化进程，取得了举世瞩目的成就。

大规模城镇化推动数亿农村富余劳动力和农村人口向城镇转移，向劳动生产率更高的非农产业部门转移，提高了经济发展质量和效益，推动经济持续发展和社会全面进步。改革开放以来，我国城镇化快速推进，平均每年新增城镇常住人口超过 1600 万人。1978 年我国城镇化率约 17.9%，2021 年第七次人口普查数据公布，中国城镇化人口超过了 63%。国家统计局发布 2022 年国民经济和社会发展统计公报显示，2022 年年末全国常住人口城镇化率为 65.22%。[1] 数据显示：2021 年末，全国城市数量达 691 个，比 2012 年末增加 34 个。其中，地级以上城市 297 个，增加 8 个；县级市 394 个，增加 26 个。建制镇 21322 个，比 2012 年末增加 1441 个。城市人口规模不断扩大，按 2020 年末户籍人口规模划分，100 万—200 万、200 万—400万、400 万以上人口的地级以上城市分别有 96 个、46 个和 22 个，分别比 2012 年末增加 14 个、15 个和 8 个；50 万以下、50 万—100 万人口的城市分别有 47 个和 86 个，分别减少 7 个和 22 个。

（一）中国城市发展开启新篇章

党的十八大以来，各地区积极贯彻落实新发展理念，着力提升城

---

[1] 国家统计局：《中华人民共和国 2022 年国民经济和社会发展统计公报》，载国家统计局网站，http://www.stats.gov.cn/sj/zxfb/202302/t20230228_1919011.html，2023 年 2 月 28 日。

镇化水平和质量，扎实推进以人为核心的新型城镇化战略，城市规模结构持续改善。

党的十八大以来，城镇化空间布局持续优化，大中小城市和小城镇协调发展，城市群一体化发展水平明显提高。直辖市、省会城市、计划单列市和重要节点城市等中心城市辐射功能不断增强，北京、上海、广州、深圳等城市龙头作用进一步发挥，带动所在区域中小城市发展壮大。同时，县城补短板强弱项扎实推进，"1+N+X"政策性文件体系落实落地，120个县城建设示范工作稳步开展。

党的十八大以来，城市群建设成效显著，城市化进程迎来新机遇。"19+2"城市群布局总体确立，京津冀协同发展、粤港澳大湾区建设、长三角一体化发展取得重大进展，成渝地区发展驶入"快车道"，长江中游、北部湾、关中平原等城市群集聚能力稳步增强。长三角以上海为核心，带动南京、杭州、合肥、苏锡常、宁波五大都市圈共同发展。粤港澳大湾区以香港、澳门、广州、深圳四大中心城市为引擎，辐射周边区域。京津冀以北京、天津为核心城市，带动河北省及周边省区邻市，成为我国北方经济规模最大、最具有活力的经济圈。成渝、长江中游、关中平原等城市群省际协商协调机制不断建立健全，一体化发展水平持续提高。

党的十八大以来，交通运输供给侧结构性改革持续推进，综合交通基础设施网络日益完善。高速铁路里程、高速公路里程、内河航道通航里程、城市轨道交通运营里程、沿海港口万吨级及以上泊位数、颁证运输机场、邮路和快递服务网络长度均居世界前列。城市道路建设迅猛发展，2020年末，地级以上城市境内等级公路里程（全市）437万公里，境内高速公路里程（全市）14万公里，实有城市道路面积 72 亿平方米，分别比 2012 年增长 24.6%、60.5% 和 54.6%。

随着我国城镇化稳步推进，城市发展由大规模增量建设转为存量提质改造和增量结构调整并重。党的十九届五中全会明确提出实施城市更新行动，不断提升城市人居环境质量、人民生活质量和城市竞争力。各地区陆续出台了城市更新政策法规，完善制度机制，探索多种实施模式，树立了各具特色的上海模式、广州模式、深圳模式等。

总体来看，进入新时代，新型城镇化建设是要在城市规模不断扩大的同时实现以人为核心的高质量发展。

（二）中国式现代化城市发展要求统筹发展与安全

党的二十大报告明确：中国式现代化是人口规模巨大的现代化，是全体人民共同富裕的现代化，是物质文明和精神文明相协调的现代化，是人与自然和谐共生的现代化，是走和平发展道路的现代化。[1]

中国式现代化的提出，进一步明确了未来中国城市化的方向。中国的城市化是在超大规模和超常规速度下的高质量城市化；是以人为核心，人人享有城市化发展成果的城市化；是物质文明和精神文明的协调发展，兼顾城市硬实力和软实力的城市化；是融入大自然，让居民望得见山、看得见水、记得住乡愁的城市化，是融入现代元素，也是延续城市历史文脉的城市化。[2]

---

[1] 习近平：《高举中国特色社会主义伟大旗帜　为全面建设社会主义现代化国家而团结奋斗——在中国共产党第二十次全国代表大会上的报告》，《人民日报》2022 年 10 月 16 日。

[2] 孙建平：《中国式现代化为中国式城市化指明方向》，《文汇报》2022 年 11 月 23 日。

　　中国式现代化目标清晰，但挑战也显而易见。这是一个大发展、大变革、大调整的时代，世界之变、时代之变、历史之变正以前所未有的方式展开，挑战层出不穷、风险日益增多。这些问题考验城市发展，特别是超大城市发展。超大城市是经济发展的重要引擎，其战略地位决定其承担的责任、面临的挑战都是巨大的，超大城市是各种安全问题的汇聚点，超大规模性带来的城市治理难题是一个世界性难题。

　　城市发展面临的挑战不仅表现在速度方面，更多表现在质量方面。在高速增长转向高质量发展的过程中，"换挡转轨"往往会带来新的矛盾和问题。各种矛盾风险源、各类矛盾风险点相互交织、相互作用。如果防范不及、应对不力，就会传导、叠加、演变、升级，使小的矛盾风险挑战发展成大的矛盾风险挑战，局部的矛盾风险挑战甚至发展成系统的矛盾风险挑战。统筹发展与安全正是解决这一矛盾的路径。

二、人民对美好生活的向往对城市运行安全提出新要求

　　党的十九大报告提出，中国特色社会主义进入新时代，我国社会主要矛盾已经转化为人民日益增长的美好生活需要和不平衡不充分的发展之间的矛盾。[1]

　　为人民谋幸福、为民族谋复兴，这是我们党领导现代化建设的出

---

[1] 习近平：《决胜全面建成小康社会夺取新时代中国特色社会主义伟大胜利——在中国共产党第十九次全国代表大会上的报告》，《人民日报》2017年10月18日。

发点和落脚点。高质量发展，最大的受益者是人民，最大的动力来自人民。如果不发展或者发展不好，人民就不满意、不答应。高质量发展是能够很好满足人民日益增长的美好生活需要的发展。只有坚持以人民为中心的发展思想，坚持不懈推动创新发展、协调发展、绿色发展、开放发展、共享发展，才能真正使发展成果惠及最广大人民，实现高质量发展的根本目的。

社会主要矛盾的转化反映出，要实现各方面更加均衡地发展是人民的愿望。中国式现代化和高质量发展，不仅要解决"有没有"的问题，更要解决"好不好"的问题。安全等关乎人民福祉，是城市为市民提供的基本服务，只有推动公共安全治理模式向事前预防转型，才能不断把人民对美好生活的向往变为现实。统筹发展与安全，反映出以人民为中心的价值判断，是建设人民城市的指向。

把公共安全治理的工作重心转向事前预防，正是将各种风险化解在萌芽状态的有效举措。从传统的防灾减灾救灾向韧性提升、风险治理、协同应对的可持续发展方向转变，是人民呼唤、时代要求、历史选择。[1]

三、城市运行安全是总体国家安全观的重要组成

2014 年 4 月 15 日，习近平总书记在中央国家安全委员会第一次会议中首次阐述了总体国家安全观的基本内涵。

---

[1]　孙建平：《推动公共安全治理模式向事前预防转型》，《中国应急管理报》2022 年 12 月 27 日。

党的十九大报告指出：坚持总体国家安全观。统筹发展和安全，增强忧患意识，做到居安思危，是我们党治国理政的一个重大原则。必须坚持国家利益至上，以人民安全为宗旨，以政治安全为根本，统筹外部安全和内部安全、国土安全和国民安全、传统安全和非传统安全、自身安全和共同安全，完善国家安全制度体系，加强国家安全能力建设，坚决维护国家主权、安全、发展利益。

党的二十大报告指出：我国发展进入战略机遇和风险挑战并存、不确定难预料因素增多的时期，各种"黑天鹅""灰犀牛"事件随时可能发生。我们必须增强忧患意识，坚持底线思维，做到居安思危、未雨绸缪，准备经受风高浪急甚至惊涛骇浪的重大考验。我们要坚持以人民安全为宗旨、以政治安全为根本、以经济安全为基础、以军事科技文化社会安全为保障、以促进国际安全为依托，统筹外部安全和内部安全、国土安全和国民安全、传统安全和非传统安全、自身安全和共同安全，统筹维护和塑造国家安全，夯实国家安全和社会稳定基层基础，完善参与全球安全治理机制，建设更高水平的平安中国，以新安全格局保障新发展格局。

城市容纳了我国65%以上的常住人口，以人民安全为宗旨，总体国家安全观的各项要求集中体现于城市安全的具体要求中。从城市角度看城市发展中各种风险源、风险点相互交织、相互作用。如果防范不及、应对不力，就会传导、叠加、演变、升级，使小的矛盾风险挑战发展成大的矛盾风险挑战，局部的矛盾风险挑战甚至发展成系统的风险挑战，会给人民生命财产安全带来巨大挑战。保障城市运行安全是落实总体国家安全观的具体体现。

四、新格局对城市运行安全提出新要求

党的二十大报告指出以新安全格局保障新发展格局。

构建以国内大循环为主体、国内国际双循环相互促进的新发展格局，是根据我国发展阶段、环境、条件变化，特别是基于我国比较优势变化，审时度势作出的重大决策。构建新发展格局是事关全局的系统性、深层次变革，是立足当前、着眼长远的战略谋划。

从根本上说，构建新发展格局是适应我国发展新阶段要求、塑造国际合作和竞争新优势的必然选择。提出构建新发展格局，是对我国客观经济规律和发展趋势的自觉把握，是有实践基础的。构建新发展格局是开放的国内国际双循环，不是封闭的国内单循环。构建新发展格局是以全国统一大市场基础上的国内大循环为主体，不是各地都搞自我小循环。

构建新发展格局必须牢牢守住安全发展这条底线。这是构建新发展格局的重要前提和保障，也是畅通国内大循环的题中应有之义。必须把握好开放和安全的关系，织密织牢开放安全网，增强在对外开放环境中动态维护国家安全的本领。把保护人民生命安全摆在首位，全面提高公共安全保障能力，促进人民安居乐业、社会安定有序、国家长治久安。

上海作为国内大循环中心节点、国际国内双循环战略链接，在构建新发展格局中具有举足轻重的战略地位，在服务长三角一体化国家战略中发挥着重要作用。从空间位置和城市服务功能上看，上海要素集聚，发展动能强劲，对一批战略性产业的健康发展有着基础性支撑作用和至关重要的影响。城市在应对慢性压力和在急性冲击下的有序运行能力和快速恢复能力对新发展格局的塑造和健康发展至关重要。

第二节　超大城市安全发展的现实挑战

上海作为超大城市，濒江临海，地势低平，又是全国人口密度最高的地区之一，城市运行安全面临局部脆弱性及不确定性风险。从城市发展的一般规律看，城市风险客观存在，是在特定的城市空间和场域下，可能性的耦合及其引发的不良后果。城市风险研究的范畴可以分为三个层次：一是城市场域下的不稳定性、不确定性的整体性风险研究。这主要是由于城市作为经济发展、社会生活的载体，特别是当全球化和市场经济转型重构经济利益分配机制和社会秩序时，它所带来的不确定性会在城市集中体现。这一范畴涵盖城市发展的全过程。二是泛指城市化过程中的特有风险。包含对城市化过程中可能导致风险的各种矛盾的研究。在我国，计划经济时期对城市规模、人口和结构有着清晰的限制，人口流动小、社会结构相对稳定，而快速城市化则破坏了原有的"稳定结构"，各种公共资源供需在一定时空范围内出现失衡，风险也随之而来。特别是快速城市化过程中内源性和偶发性的非传统安全问题日趋成为主要风险源，后续的长尾效应也容易被裂变式放大。只有理解了城市化过程中的结构性矛盾、阶段性现象，才有可能更好地防控城市风险。三是城市风险研究范畴还应包含城市中出现的具体风险，如城市自然灾害、疫情与公共卫生、公共安全、社会危机、生产事故、城市交通安全、高层建筑和地下空间风险等。[1]从多个维度分析城市风险，才能更好地认识我国城市发展面临的挑战。

一、城市发展过程中的普遍挑战

美国城市地理学家诺瑟姆在对英、美等西方国家工业化进程中城镇化率变化趋势进行分析的基础上，于1979年提出了城镇化发展的一般规律：一个国家或地区城镇化的轨迹为一条稍被拉平的"S"形曲线（即诺瑟姆曲线）。对应这一曲线，西方学者总结了城市化进程中风险挑战的一般规律。

（一）城市化进程与城市风险的一般规律

诺瑟姆曲线不能用来指导某一个具体的城市发展，其代表的是某个国家或者区域城市发展的一般性规律。诺瑟姆主张世界城镇化大致可以分为三个阶段：初期（人口城镇化率在30%以下）：农村人口占优势，工农业生产力水平较低，工业提供就业机会少，农业剩余劳动力得不到释放。中期（人口城镇化率30%—70%）：工业基础比较雄厚，经济实力明显增强，农村劳动生产率提高，剩余劳动力转向工业，城市人口比重快速突破50%，而后上升到70%。后期（人口城镇化率70%—90%）：农村人口向城镇人口的转化趋于停止，农村人口占比稳定在10%左右，城市人口可以达到90%左右，趋于饱和，这个过程的城镇化不再是人口从农村流向城市，而是城镇人口在产业

---

[1]　孙建平：《城市风险管理学》，同济大学出版社2021年版，第31、45页。

之间的结构性转移，主要是从第二产业向第三产业转移。

城市化不同阶段城市风险的主要特征，一般研究认为三个阶段的风险特征是有所差异的。第一个阶段往往是工业化初期，主导产业是轻纺工业，生产性事故比重较大，城市风险比重较小。第二个阶段往往是工业化中期或扩张期，主导产业是钢铁、化工、机械等重工业，这时人口和产业向城市集中，产生了劳动力过剩、交通拥挤、住房紧张、环境恶化等"城市病"，生产性事故与城市风险并重。该阶段城市病或城市风险主要表现为：人口过度集聚，重经济发展，轻环境保护，重城市建设，轻管理服务，交通拥堵问题严重，食品药品等公共安全事件频发，大气、水、土壤等环境污染加剧，城市管理运行效率不高，公共服务供给能力不足，城中村和城乡接合部等外来人口聚集区人居环境较差等。从城市发展的阶段性来看，我国城市大约处于这个阶段。

第三个阶段往往是后工业化时期，虽然还没有到来，但是可以大胆地假设。随着"工业4.0"的全球推进，生产的本质可靠性将极大提升，但是新的风险会不断出现，城市风险的比重将会加大。

（二）高速城市化进程带来独特挑战

我国的城市化进程与西方国家城市化进程有显著的不同，面临的风险也有很多不同。主要有以下三点：

一是我国的城市化进程与西方城市发展在底层价值观上有显著的不同，我们的城市发展在不同历史阶段都将满足广大人民的需求摆在首要位置。在城市化进程中，在实现人民物质文化需求从"有没有"到"好不好"的过程中，我国城市化在价值导向上始终没有改变。因此，我国城市发展避免了有的国家城市因基础设施分布严重不均衡、公共服务严重不均衡造成的各类风险。事实上，很多风险灾害对城市运行的影响是无差别的，城市基础设施和公共服务的不均衡往往引发更为严重的灾害。总体看在应对这些风险挑战的过程中，我国城市发展的底层价值观和制度优势表现出了更强韧的抗风险能力。

二是西方国家城市化进程有着较为清晰的发展阶段，其所面临的风险往往有着较为清晰的特征。中国的城市化进程是压缩式的，中国城市在发展过程中面临的风险往往是西方城市不同发展阶段风险的叠加。这是我国城市发展面临挑战更严峻的重要原因。

三是我国的文化传统与西方文化传统有显著不同，很多西方国家发展源自海洋文明、商业文明的发展，城市这种较为典型的"陌生人社会"面临的文化冲突较少。中国是传统的农业大国，熟人社会特征仍然存在，中国城市化与快速工业化同时发生，社会变革中催生了一些独特的矛盾冲突，特别是对基层社会治理产生了影响，也催生了一些独特的挑战，对城市安全运行产生影响。

二、我国超大城市面临的风险态势

当前我国城市规模仍在扩大，城市群建设正在快速推进。超大城市面临的风险挑战日益引发关注。未来一段时间超大城市安全运行受到的挑战日益复杂。当前超大城市普遍面临"黑天鹅"式的小概率风险日趋频发，"灰犀牛"式的常态风险叠加并发；"大白象"式的潜在风险集中爆发的态势。

（一）超越认知的小概率风险日趋频发

党的二十大报告指出：我国发展进入战略机遇和风险挑战并存、不确定难预料因素增多的时期，各种"黑天鹅""灰犀牛"事件随时可能发生。我们必须增强忧患意识，坚持底线思维，做到居安思危、未雨绸缪，准备经受风高浪急甚至惊涛骇浪的重大考验。

这是对我国未来一段时间发展环境的总体判断。党的二十大报告进一步指出：当前，世界之变、时代之变、历史之变正以前所未有的方式展开。从城市安全运行角度来说，"世界百年未有之大变局"意味着城市在快速发展的同时面临多重挑战。

具体表现在一是大量超越认知的、小概率的新型风险正在增多。

例如，20 年内，已经有多种新型病毒影响人类生活。新型病毒的出现，挑战了人们对医疗行业发展的信心，带来了新的挑战。人类已经知 7 种人感染冠状病毒中，5 种是在 2000 年以后发现的。[1]

二是自然灾害的强度超出人们的认知，且这类灾害发生的频率正在增加。极端天气气候事件是近年来大家感受最深的黑天鹅事件。2021 年郑州"7·20"特大暴雨灾害：因灾死亡失踪 398 人，其中郑州市 380 人；直接经济损失 1200.6 亿元，其中郑州市 409 亿元。

这类自然灾害对城市运行产生多方面影响，最典型的是对众多基础设施的正常运行产生影响。如 2021 年 7 月前后发生的一系列地铁进水事件。2021 年 5 月 21 日 20 时至 22 日 7 时 25 分，广州普降暴雨到大暴雨，全市雨量 92.3 毫米，地铁 13 号线官湖站外积水严重，

---

[1] 楚侃侃、郭玲、陈利、张云智：《冠状病毒分类、宿主动物与所致人类疾病研究进展》，《中国公共卫生》2022 年第 6 期，第 815—820 页。

雨水倒灌进隧道导致无法出车，车站停止服务。2021 年 7 月 6 日傍晚，太原市南部城区遭遇暴雨，地铁 2 号线晋阳街站进水，地铁站水流成河。2021 年 7 月 18 日早上，北京因暴雨天气，石景山区金安桥路段积水水深 1 米左右，为确保运营安全，地铁 6 号线金安桥站采取封闭措施。

2023 年 2 月 6 日，中国气象局发布 2022 年度《中国气候公报》正式发布。《报告》显示，2022 年，我国气候状况总体偏差，暖干气候特征明显，旱涝灾害突出。全国平均气温为历史次高，降水量为 2012 年以来最少。高温、干旱现象对 2022 年供电安全带来了挑战。

2023 年 4 月 21 日世界气象组织发布《2022 年全球气候状况报告》。报告指出，从山峰到海洋深处，2022 年气候变化均在继续。干旱、洪水和热浪影响了各大洲，造成了数十亿美元的损失。南极海冰范围减少至有记录以来最低水平，欧洲一些冰川的融化也达到了史无前例的程度。报告显示，由于吸热温室气体达到了创纪录水平，陆地、海洋和大气发生了全球范围的变化。就全球温度而言，尽管过去 3 年拉尼娜现象产生了降温影响，但 2015 年至 2022 年仍是有记录以来最热的 8 年。

从社会角度说，当今世界正经历百年未有之大变局，新一轮科技革命和产业变革深入发展，深层次矛盾突出，不稳定性不确定性增加。在疫情、气候变化及结构性不平等因素的叠加冲击之下，粮食危机、贫困、疾病等连锁性危机亦接踵而至，世界极端贫困率自 20 世纪 90 年代以来首次上升。2023 年达沃斯世界经济论坛发布的《全球风险报告》考虑了自然环境、地缘政治紧张局势升温、各种社会经济风险"融合"的背景。报告认为，在这样的背景下，大流行病造成的各种长期后果日益显现，带来更多的危机，未来一段时间食品、能源、通货膨胀等多重因素叠加，风险关联、传导，越来越多的国家面临生活成本危机，挑战日益复杂，对社会产生的影响是多方面的，甚至会影响到人们应对长期风险的行动。[1]——这一国际环境正是我国城市安全发展面临的外部挑战之一，也是中国城市特别是超大城市可能面临小概率风险日趋频发挑战的原因所在。

（二）城市生命体复杂系统固有的常态风险叠加并发

党的二十大报告指出：中国式现代化是人口规模巨大的现代化。我们的城市化充分体现了这种规模性。我国十四亿多人口整体迈进现代化社会，规模超过现有发达国家人口的总和，艰巨性和复杂性前所未有，发展途径和推进方式也必然具有自己的特点。

"灰犀牛"一般指人们已知的，大概率会发生的各类危机。[2]城市是一个超大的复杂系统，中国城市的规模和人口密度，决定了其复杂性，在建设、运行中有很多大概率发生的风险危机。

例如，重点行业的安全生产是管理的重点领域，随着这些行业管理水平的提升，这些行业有成熟的操作规范，详细的管理细则，从总体趋势看，这些行业安全生产死亡人数是下降的。2012 年到 2022 年，十年间，全国范围看：重特大事故的起数从 2012 年的 59 起，就是平均每个月大概是 5 起，下降到 2021 年的 17 起，平均每个月 1.4 起左

[1] 苑辉：《〈全球风险报告〉："融合"视角下的风险研判与城市发展挑战》，《上海城市发展》2023 年第 2 期。
[2] ［美］米歇尔·渥克：《灰犀牛》，王丽云译，中信出版社 2017 年版，第 13 页。

右，下降幅度达到了71%。[1]近3年来上海安全生产事故数和死亡人数持续下降，2021年各类安全事故数减少至430起，死亡人数降低至457人，比上年分别下降5.91%和8.78%，亿元GDP死亡率0.011。

在这些领域虽然总体安全态势向好，但也有很多新的问题影响这些领域的安全运行。例如，技术工人缺乏：人口老龄化等多种原因造成越来越多的年轻人不愿意从事制造业、建筑业等。设备老化：每个企业都会遇到的常见现象，一方面不少企业在设备维护上相对粗放；另一方面由于资金等原因，设备用了再用，不能满足安全生产的要求。技术更新：最近几年技术迭代，技术更新迅速，但操作手册、管理手册不能满足技术需求等都造成这些重点领域面临新的安全挑战。

由于我国城市化进程是高度"压缩"的，和西方城市不同，我们面临的可能是生产建设压力很大、运行压力也很大。例如，"十四五"期间上海轨道交通建设规模将再次超越历史强度。"十四五"期间，上海轨道交通建设规模为16个项目，共248公里，131座车站，将再次超越历史强度。全部项目建成后，上海累计运营里程将达到1079公里，车站639座。

这些新的特征势必造成未来很长一段时间内，我国城市在安全运行方面面临着这类风险叠加并发的挑战。

（三）大量潜在风险集中爆发

党的二十大报告指出：改革开放和社会主义现代化建设取得巨大

---

[1]《推动我国应急管理事业取得历史性成就、发生历史性变革》，载学习强国，https://www.xuexi.cn/lgpage/detail/index.html?id=2345655818606751520&item_id=2345655818606751520，2022年8月30日。

成就，党的建设新的伟大工程取得显著成效，同时一系列长期积累及新出现的突出矛盾和问题亟待解决。

十八大以来，我国经济由高速增长阶段转向高质量发展阶段。发展的问题不仅表现在速度方面，更多表现在质量方面。高速增长转向高质量发展的过程中，"换挡转轨"往往会带来新的矛盾和问题。各种矛盾风险源、各类矛盾风险点相互交织、相互作用。如果防范不及、应对不力，就会传导、叠加、演变、升级，使小的矛盾风险挑战发展成大的矛盾风险挑战，局部的矛盾风险挑战甚至发展成系统的矛盾风险挑战。

"大白象"式的风险是同济大学城市风险管理研究院根据城市风险的特征提炼的。是指由于城市生命体的复杂性导致的大而不易察觉的潜在风险。这类风险量大面广、长期积累，不少是在城市快速发展中积累的，需要巨大的投入和冒一定的风险才能解决。

"大白象"式风险中包含大量"导致风险失去控制的有意忽视态度和行为"，即回避态度。这些行为产生的原因主要由系统的复杂性导致：其投入大，而效益展示度不大，从而选择对其忽视不见，只寄希望其不要在管理者任期内产生问题，或宁可事后救援出成绩，也不要事前投入出效益。

其本质是对城市生命体延续、关联、共生等特征理解不透，对城市的规模、密度、事故灾害的危害认识不深。简单来说，对风险"眼盲""心盲"。

为什么会回避？为什么会被无视？有很多原因。

其中之一是我国的城市化发展是一种压缩式发展，几乎是用40年时间走了西方发达国家200年的城市化进程，呈现赶超型、跨越式、超常规的特征。

从城市人口看，从 20%—40% 的城市化率，英国用了 120 年，美国用了 80 年，中国用了 22 年。在极短的时间内，达到如此的城市体量，不可避免地有很多问题被忽视了。在发展过程中可以看到很多"重建设轻管理、先污染后治理、求发展滞民生"的例子，过去这类问题被快速发展遮蔽了，或者说，花精力解决投入大，收益小，自然很难集中人力物力来解决。这些问题积累到今天，不少问题集中爆发，很多安全事故都是源于此。

总体看："大白象"式风险大而隐蔽，易被"回避"。

例如，小梁薄板建筑是当时政府为改善老百姓居住环境统一建造的"保基本"住宅，与当下的建设标准相比，已经存在太多差距——"小梁薄板"其实是一块块混凝土预制薄板，具有房屋建造速度快，但也有不少先天劣势。经年累月下来，过度使用和过高的居民密度都使得建筑的危险系数逐年增大。相关数据显示上海 1950—1996 年的老旧住房约 1.46 亿平方米，占现有住房总量近 20%。这些老旧住房改造是近年来城市更新的重点内容。

总体看，这三类风险是超大城市面临的普遍性风险类型，管理难度大，亟需我们在城市管理能力上进一步提升，韧性能力建设是系统性防御这些风险的有效路径。

三、城市运行安全管理问题与挑战

总体看超常发展成就巨大，伴随的安全挑战前所未有。

特别是快速化的城市发展摊薄了城市风险管控力量也是不容置疑

的事实。一方面，城市快速发展导致城市风险量大面广；另一方面，新事物、新技术、新风险层出不穷，城市风险管控往往面临的是"老问题还没有完全解决、新问题已到面前"，基层治理组织体系尚不健全，职能较为分散，社区自治能力不足，县、乡镇的风险管理能力较弱。在认识上，一些领域或地方对城市风险治理规律认识把握不够；在方法上，存在碎片治理、被动治理等问题，不善于创新治理方式破解难题；在机制上，共建共治共享推进力度还不够大，多方主体参与风险治理的内生动力还不足、制度安排不够完善、作用发挥不够充分，还没有真正形成强大合力，往往"头痛医头、脚痛医脚"，忙于当"救火队长"。具体看，主要存在以下几个问题：

（一）风险防控协同能力不强，统分结合的工作方式不顺畅

应对挑战，城市安全管理逐步从局部走向系统，是近年来的显著趋势，表现在很多方面，其中对应急管理的体制改革就体现出这一趋势。2018 年政府新一轮体制改革，组建了应急管理部，将分属国家部、委、办 11 个部门和 5 个委员会的 13 项应急管理职能集于一身，从过去单一灾种的救灾转为综合的减灾，从灾后的救助转到了灾前的预防预警，从过去的一件事情（灾难）半个国务院搬到现场，到现在主要以应急管理部和相关部门为主，协调、统筹、指挥中央和地方、部门与部门之间的有效联动。这从体制上将城市安全提升到前所未有的高度，也从组织上为城市风险防控提供了保障，标志着城市安全上升为国家战略。

但是风险防控协同能力上还存在很多不足。例如，在协同管理中信息鸿沟是客观存在的。现在应急管理推行信息化建设，本质上是想让各类数据、信息在专业部门获取的同时，也同步到综合部门，但实际上现有的信息化建设水平很难消除鸿沟。主要是应急管理信息化没有融入整个政府信息化中，应急管理部门信息平台要向同级部门开放数据，同时也要通过同级部门获取别的更多的数据。信息化是国家协同治理能力发展的大方向，在这个数据为王的信息时代，信息化是精细化的基本保证。

（二）当前基层治理组织体系尚不健全，职能较为分散，社区治理能力不足，县、乡镇的风险管理能力较弱

在党组织领导的自治、法治、德治相结合的基层治理体系中，城市风险防控推进力度不足，与基层网格化管理结合不紧，"人、技、财、物"等管理资源要素还有待进一步向基层下沉。在基层治理能力上还存在明显短板：一方面，风险的多样性导致基层收到大量的安全监管责任单位的文件和通告，"上面千条线、底下一根针"。另一方面，风险的辨识分析、评估控制、监测预警等相关工作具备一定的专业性，有些工作是基层没有办法承接下来的。

（三）安全监管日常监管缺位顽疾依然存在

主要体现在安全生产执法力度不够和流于形式。主要原因在于一些地方政府官员出于对本地区经济利益和自身政绩考虑，安全生产执法往往执法不严，对违法生产、经营、建设行为打击不力，对造成的事故查处不严，责任追究不坚决，进而共同导致了安全生产日常监管存在缺位的现象。如"8·12"天津港爆炸事故中，本该分别存放、严格管理的电石、金属钠和硝酸铵等易燃易爆品与氰化钠等剧毒品储

存在一起，滨海新区的交通局、安全生产监督管理局和环境局在对天津港的日常监管中存在着严重的职责缺失。又如上海静安区高层住宅大火，一项本来惠民利民的民心工程却因多次违法层层分包的工程处理方式成为各方利益牵扯博弈的"危险工程"。最终，无证电焊工的违章操作和政府监管缺失导致 58 人葬身火海。

（四）风险意识不足

风险意识是决策中一个重要的因素，领导者的风险意识和对风险的认识影响并决定着政府风险决策。风险的产生和发展虽然是多方面因素综合作用的结果，与风险感知、"风险、威胁和危险构成要素"以及"它们是对谁而言"等问题的认识有紧密联系。在忽视风险识别和研判的情况下，风险的产生和发展会导致灾难性的后果。

第三节　韧性城市能力框架

韧性城市建设内涵丰富，是一个庞大的系统工程，一般认为韧性城市理论中的韧性就是在特殊致灾因子和孕灾环境的共同作用下，城市空间与社会系统所表现出的御灾能力。而城市系统这种承受灾害侵袭并迅速恢复原有稳态的能力，主要针对灾前预防、灾中应对和灾后恢复的不同阶段进行灾害风险治理与弹性设计来实现。

韧性城市归纳存在多样化、差异性特征，不同研究机构和学者们得出了不同的归纳总结，如联合国国际减灾战略秘书处认为，韧性城市是指城市或城市系统能够化解和抵御外界的冲击，保持其主要特征和功能不受明显影响的能力。韧性城市具有稳健性、可恢复性、冗余性、智慧性和适应性五大特征。洛克菲勒基金认为，城市韧性是一个城市的个人、社区和系统在经历各种慢性压力和急性冲击下存续、适应和成长的能力，包含 7 个主要特征，即灵活性、冗余性、鲁棒性、智谋性、反思性、包容性和综合性。[1] 赫恩（Ahem）认为，一个韧性城市具备多能性（强调城市功能的混合和叠加）、冗余度和模块化（强调在时空上分散风险）、生态和社会的多样性、多尺度的网络联结、有适应能力的规划和设计 5 个特征。[2] 同时对韧性城市的界定及理解视角不同，采取的指标体系与评价路径存在显著的多样性、差异性特点。

在从理论到实践的过程中，很多城市的韧性城市建设体现在理念导向上，缺乏具体的落脚点。本书结合城市风险样态的复杂性，从城市生命体特征出发，认为城市韧性城市建设应以保障城市安全运行为核心导向，围绕"免疫力—治愈力—恢复力"这一能力框架开展系统的能力提升工程，建设韧性城市。特别是要确保城市关键基础设施具有较强的风险"免疫力"，在危机灾害冲击中保持较强的治愈力，从而穿越风险实现快速恢复。

一、韧性能力建设是统筹发展和安全的有效路径

统筹发展与安全是我们党依据国情和发展阶段做出的全局性、

[1] The Rockefeller Foundation, ARUP. Index CR. City resilience framework, The Rockefeller Foundation, 2014.

[2] Ahem J., From fail-safe to safe-to-fail: Sustainability and resilience in the new urban world, Landscape and Urban Planning, 2011(4), pp.341–343.

战略性判断。2018 年十九届中央国家安全委员会第一次会议明确指出，"必须坚持统筹发展和安全两件大事，既要善于运用发展成果夯实国家安全的实力基础，又要善于塑造有利于经济社会发展的安全环境"[1]。

党的十八大以来，我国经济由高速增长阶段转向高质量发展阶段，十九大报告提出，我国社会主要矛盾已经转化为人民日益增长的美好生活需要和不平衡不充分的发展之间的矛盾。社会主要矛盾的转化反映出，要实现各方面更加均衡地发展是人民的愿望。安全等关乎人民福祉，是城市为市民提供的公共服务。统筹发展与安全，反映出以人民为中心的价值判断，是建设人民城市的指向。

统筹发展与安全，关键在于统筹。韧性能力是城市风险防控能力的系统提升，是统筹发展和安全的有效路径。

（一）韧性城市建设是统筹发展与安全的有效路径

学术界大多认为，韧性最早被物理学家用来描述材料在外力作用下形变之后的复原能力。1973 年，加拿大生态学家霍林（Holling）首次将韧性概念引入生态系统研究中，定义为"生态系统受到扰动后恢复到稳定状态的能力"[2]。自 20 世纪 90 年代以来，学者们对韧性的研究逐渐从生态学领域扩展到社会—经济—自然复合生态系统研究中。随着时间的推移，韧性的概念经历了从工程韧性、生态韧性到演

---

[1]《全面贯彻落实总体国家安全观　开创新时代国家安全工作新局面》，《人民日报》2018年 4 月 18 日。

[2] 邱勇哲：《韧性城市—越弹性越可持续》，《广西城镇建设》2018 年第 12 期，第 40—56 页。

进韧性的发展和演变。从最初的工程韧性认为韧性是系统在遭遇外部扰动时恢复到平衡或稳定状态的能力，到后来的生态韧性将韧性定义为系统在改变其结构前吸收干扰的能力。

尽管这些观点对韧性有不同的理解，但都承认系统中存在平衡，无论是系统恢复到既存在的平衡（工程学），还是恢复到新平衡（生态学）。因此，在社会—经济—自然复合生态系统领域里，韧性不仅仅强调对干扰、冲击或不确定性因素的抵抗、吸收、适应和恢复能力，还强调在危机中学习、适应以及自我组织等能力。

安全韧性城市作为一种城市建设发展理念，是人们在时空变化下的城市发展过程中提出的关于城市建设发展的思路和方向。与生态城市、低碳城市、绿色城市、海绵城市、智慧城市等理念一样，安全韧性城市是针对城市在发展过程中遇到的某些典型问题而提出来的。

安全韧性城市强调一座城市在面临自然和社会的慢性压力和急性冲击后，特别是在遭受突发事件时，能够凭借其动态平衡、冗余缓冲和自我修复等特性，保持抗压、存续、适应和可持续发展的能力。

这一能力强调对各类风险从机械防御转向动态适应，从防御的单一视角转向了"减缓＋适应＋恢复"的多重视角，用发展的视角处理安全问题，在动态发展中解决安全问题，使风险受控，是统筹发展和安全的有效路径。

（二）基础设施韧性建设是韧性城市建设的关键落脚点

城市基础设施的概念伴随着时间的推移，有着不同的定义和认识。经济学家艾伯特·赫希曼（1991）对基础设施进行了分类，将给排水、动力能源、运输通信、医疗卫生等归纳为广义的基础设施；将公路、港口、水利工程等归纳为狭义的基础设施，并据此提出应把交通运输和动力能源作为基础设施的核心。[1]蔡校箴（1998）认为基础设施是能够向社会、单位和居民提供生产生活有关公共设施的产业、企业和部门，并且具有特定的区域性、空间性和时间性，是能够促进社会经济发展、保障企业物质生产、提供居民正常生活的基本物质基础。[2]根据我国国情，国内学者通常将基础设施划分为广义和狭义两种定义，其中广义的基础设施涵盖了公共服务设施和工程性基础社会，例如，学校、教育、医疗、卫生、给排水工程、道路工程、能源工程等；而狭义的基础设施仅仅指工程性质类的基础设施。[3]

综上所述，基础设施是能够为社会运转、企业生产和居民生活提供便捷的工程设施，是保证国家和社会经济活动及生产活动正常运行的公共服务系统。完善的基础设施建设不仅是人民生活赖以生存的物质条件，还能够加速社会经济发展、构建更具韧性的城市硬件系统，从而引导城市迈向更美好的明天。

城市基础设施韧性是在"韧性—城市韧性—城市基础设施韧性"的基础上衍生发展出来的。布鲁诺（Bruneau）认为基础设施韧性指的是城市的基础设施和生命线在应对灾害时的抵抗和恢复能力，而鲁棒性（Robustness）、冗余性（Redundancy）、资源性（Resourcefulness）、时效性（Rapidity）是韧性的重要属性。[4]刘洁

[1]［德］艾伯特·赫希曼：《经济发展战略》，经济科学出版社1991年版。
[2]蔡孝箴：《城市经济学（修订版）》，南开大学出版社1998年版。
[3]李志军：《中国农村基础设施配置调控研究》，东北师范大学2011年博士学位论文。
[4]Bruneau M, Enhancing the resilience of communities against extreme events from an earthquake engineering perspective［C］//IABSE Symposium Report, International Association for Bridge and Structural Engineering, 2005, 90(3), pp.99–106.

等学者认为城市交通运输系统韧性指的是发生灾害后能够迅速恢复，并通过沉淀和学习后能够维持城市道路交通网络的生机和活力的能力，着重强调面对灾害的适应性问题。[1]邵亦文等学者认为城市基础设施韧性指的是城市构筑物的脆弱性减弱，城市的生命线工程保持畅通，城市社区拥有良好的应急能力。[2]李岩峰等学者认为面对地震灾害时，供水管网的韧性主要体现在抵抗、吸收和恢复三个阶段。[3]李亚认为城市基础设施韧性指的是城市应对灾害时，能够有效抵御灾害，减少损失，并能及时恢复正常运行的能力。[4]陈宣先认为城市基础设施韧性也称为技术韧性，主要指的是城市基础设施应对灾难的恢复能力，如建筑物、构筑物的庇护能力，交通运输系统、供排水系统、能源系统等基础设施的保障能力。[5]周利敏认为提升城市基础设施韧性应当着重关注基础建筑物的冗余性，以及发生灾害后关键设施是否可以持续发挥重要功能。陈智乾将传统基础设施规划与韧性视角下的基础设施规划进行对比，认为基础设施韧性包含了多样性、冗余性、灵活性等特征。[6]汤钟等学者认为雨洪基础设施韧性指的是面对灾难时，应该具备避免、恢复以及适应的

[1] 刘洁、张丽佳、石振武、王永亮：《交通运输系统韧性研究综述》，《科技和产业》2020年第2期。

[2] 邵亦文、徐江：《城市韧性：基于国际文献综述的概念解析》，《国际城市规划》2015年第2期。

[3] 李岩峰、尹家骁、刘朝峰、王威、于小晨、李子芃：《基于投影寻踪聚类的供水管网地震韧性评估》，《中国安全科学学报》2020年第6期。

[4] 李亚、翟国方、顾福妹：《城市基础设施韧性的定量评估方法研究综述》，《城市发展研究》2016年第6期。

[5] 陈宣先、王培茗：《韧性城市研究进展》，《世界地震工程》2018年第3期。

[6] 周利敏：《韧性城市：风险治理及指标建构——兼论国际案例》，《北京行政学院学报》2016年第2期。

能力。[1]何继新等学者对城市基础设施韧性的定义是设施能够预防和吸收各类不确定性扰动，保持连续的功能性，维持系统性能不下降，缩短灾后重建和恢复的时间，并且确保基础设施在灾后更有能力应对类型灾害和不利事件的能力。[2]曹建廷着眼于水利基础建设，认为水基础设施韧性指的是水基础设施在面临自然灾害、气候变化以及人类社会活动等不同破坏下，能够保持供水，并能处理和排放污水、废水和雨水的能力。[3]华智亚认为所谓的"韧性基础设施"就是基础设施在面对威胁和破坏时，能够吸收、适应冲击，并保持或尽快恢复自身基本功能的基础设施工程。[4]毕玮等学者认为提升基础设施韧性的关键点在于对冲击事件的吸收、抵抗、恢复、适应能力。[5]

城市基础设施韧性就是城市六大基础设施应对冲击的抵抗、吸收、恢复和自我调整能力，如城市道路系统快速恢复畅通能力、快速响应防汛抢险救灾能力和城市社区的应急反应能力。对城市而言，灾害发生后城市基础设施的建设成熟度是城市抵抗冲击的关键，提高城市基础设施韧性就是完善城市抵抗灾害和风险的硬件系统，保障社会

[1] 汤钟、张亮、朱安邦等：《深圳市福田河流域雨洪基础设施韧性提升探索与实践》，载中国城市规划学会、成都市人民政府：《面向高质量发展的空间治理——2020中国城市规划年会论文集（03城市工程规划）》，中国建筑工业出版社2021年版，第177—189页。

[2] 何继新、刘严萍、郑沛琪：《应急管理过程视域下城市基础设施韧性测度指标体系研究》，《吉林广播电视大学学报》2021年第5期。

[3] 曹建廷、邢子强：《水基础设施韧性及提升途径初步分析》，《水利规划与设计》2020年第12期。

[4] 华智亚：《韧性思维、韧性基础设施与城市运行安全》，《上海城市管理》2021年第1期。

[5] 毕玮、汤育春、冒婷婷、孙新红、李启明：《城市基础设施系统韧性管理综述》，《中国安全科学学报》2021年第6期。

运转和生产活动的正常运行，并更好地支持城市的各项发展。

二、韧性城市建设从理论走向实践

韧性城市是一个由西方学者和国际机构率先倡导的舶来品，"韧性城市"目前已成为联合国防灾减灾和可持续发展领域的重要内容。2002 年，倡导地区可持续发展国际理事会（ICLEI）在联合国可持续发展全球峰会上提出"韧性"概念。[1] 2005 年联合国国际减灾战略将建设韧性的国家和社区作为兵库行动纲领的主旨。2012 年纽约遭遇历史罕见的"桑迪"飓风袭击，屋毁人亡、停水断电，损失惨重，这一极端天气事件直接推动了《一个更强大、更具韧性的纽约》适应性规划的出台。同年，联合国减灾署启动亚洲城市应对气候变化韧性网络。

（一）我国高度重视韧性城市建设

"韧性城市"也是当下国内现代城市规划的一个热词，城市韧性建设受到普遍关注无论是疫情防控，还是有效应对极端天气，都凸显了韧性城市建设的重要性。《中共中央关于制定国民经济和社会发展第十四个五年规划和二〇三五年远景目标的建议》明确提出"建设韧性城市，提高城市治理水平，加强特大城市治理中的风险防控"。同时，国内上海、北京、深圳、广州等一大批特大或超大城市，在各自的"十四五"规划中，也纷纷提出推动"韧性城市"建设的愿景计

---

[1] 唐皇凤、王锐：《韧性城市建设：我国城市公共安全治理现代化的优选之路》，《内蒙古社会科学》（汉文版）2019 年第 1 期。

划，旨在全面提高城市的安全高效运行。目前，除了个别城市制定了韧性城市建设的实施意见外，大多数城市的韧性建设还处于起步阶段，尚未形成明晰的建设路径和总体方略。

提高城市韧性，增强抗风险能力，正成为城市建设管理的重大课题。城市各种风险挑战叠加，城市韧性建设要有"把困难估计得更充分一些，把风险思考得更深入一些"的思维和眼光。北京提出到2025年建成50个韧性社区、韧性街区或韧性项目，形成可推广、可复制的韧性城市建设经验；上海提出到2035年建设成为更可持续的韧性生态之城；深圳提出要建设一流的宜居城市、一流的枢纽城市、一流的韧性城市、一流的智慧城市。

2022年上海市第十二次党代会指出明确提出：加快推进韧性城市建设，健全城市安全预防体系，强化极端情况下功能运转、生产维持、生活供应、就医服务等城市基本运行保障体系，提高防灾减灾救灾能力。对于复杂、极端的城市风险，简单的防御策略不仅无法应对，也无法有效实现发展与安全的统筹。统筹发展与安全，关键在于统筹。提升城市的韧性能力，是达到统筹的有效路径。提升城市韧性能力意味着城市无论是在面对急性冲击还是慢性压力下，都可以最大限度地保持有序运行，当风险防控体系被击穿时，也能快速恢复，在动态适应中应对多种风险挑战。

（二）韧性城市建设的理念转变

一般而言，韧性城市建设多关注以下几点：城市的功能韧性是指城市基础设施建设在面对物理风险时，还能够继续保持功能正常发挥作用的能力，或者部分功能短暂失效后，可以快速重新启动并恢复到风险前功能特征的程度。城市管理功能方面以风险防控、监测预警、应急救援建设为重点；城市防御功能方面以能源供给可靠性、水资源保障、立体交通网、设施网络及通信连通与紧急状态下人民基本生活供给为重点；城市布局功能方面以各级防灾分区及避难场所、疏散通道、救援力量、物资储备等要素落地为重点；城市社会功能方面以宣传教育、共建共治共享及韧性素养培育为重点。

在韧性城市建设实践过程中，系统韧性日益受到重视，是指在统筹发展和安全过程中，通过主动调整系统要素、优化系统结构、塑造系统环境，使得系统在面对极端风险冲击情景发生突变的动态过程中，依然具备防御力、恢复力、适应力等韧性能力特征。系统韧性概念强调了面对极端风险冲击时从被动承受到主动吸纳的主动韧性，发展和安全要素的系统组合从封闭系统到开放系统的开放韧性，在承受极端冲击的过程中从静态表征到动态平衡的全过程韧性这三个关键特征。构建系统韧性一是要形成跨部门、跨区域、跨层级数据互联互通和汇聚共享，实现风险信息集成化；二是要形成空、天、地、海一体化广覆盖的自然灾害综合监测预警体系，实现监测预警一体化；三是要形成先进强大、自主可控、高度智能、反应灵敏的"决策大脑"，实现防灾减灾智慧化。

安全韧性城市的建设与发展涉及相当多的领域，总体而言，在风险防控理念上有以下五个转变：

从单一到整合：如由单一风险分析转变为多风险耦合评估，由单尺度、描述性分析到多尺度、机理性评估，由单部门孤军作战到模块化城市治理等。

从短期到长期：由"短期止痛"转变为"长期治痛"，城市治理的理念要实现"工程思想"向"生态思想"的转变。工程思想强调在最短的时间内恢复原状,而生态思想强调不断更新、协同进化。

从响应到适应:由"亡羊补牢"转变为"未雨绸缪",由被动的应急响应转变为主动的风险调控,要始终让城市风险保持在城市发展和治理可接受的水平之下。

从静态到动态:由终极蓝图式的静态城市发展目标转变为适应性的动态弹性城市发展目标,要积极探索多种可能的途径以应对城市发展中的不确定性。

从刚性到柔性:由刚性的城市危机处理及抵御对抗转变为柔性城市风险防控与消解转化,并且能够从外部冲击、风险或不确定性中获益成长。

(三)韧性城市能力提升的主要维度

和生态城市、低碳城市、绿色城市、海绵城市、智慧城市一样,韧性城市是城市建设理念的一种。城市治理的一般维度是"文化、技术与管理",这也是韧性能力建设的维度。韧性城市建设中的每一种关键能力,从总体上看都离不开这三个维度。

1. 文化维度

文化是最能潜移默化人类行为的力量。如果把城市比喻为一个人,那么文化就是"免疫"系统的基础。为什么有的地区对风险的敏感性很强?那是因为曾经的事故或灾难在其免疫系统里种下了"疫苗"。

文化是社会实践的产物,并随社会实践的发展而发展。中华文化在不同历史阶段形成了与之相适应的主要文化表现形态。中华优秀传统文化是中华民族在漫长历史长河中淘洗出来的智慧结晶，既呈现于浩如烟海、灿烂辉煌的文化成果，更集中体现为贯穿其中的思想理念、传统美德、人文精神。

历史上文明大多诞生在各类水系流域，但情况各不相同。比如尼罗河的洪水周期性较强，发展历法，算好周期，每次洪水后留下沃土；中国的母亲河黄河，规律更难把握，有极高的含沙量，每次水患后，留下的是盐碱地。所以古代中国一直有治理水患的传统，中国传统文化才有了这种坚韧、团结的基因。对各种灾害、危机，中华传统文化中有"防微杜渐"的思想；在大灾大难面前，中国传统文化倡导坚韧、自强、百折不挠，"多难兴邦"，"众志成城"。这些都是中华民族的璀璨历史的结晶，展现了各族人民的伟大智慧创造，也是中华民族和中国人民在历史长河中逐渐形成的，有别于其他民族的独特标识。

革命文化是近代以来特别是"五四"新文化运动以来，在党和人民的伟大斗争中培育和创造的思想理论、价值追求、精神品格，展现了中国人民顽强不屈、坚韧不拔的民族气节和英雄气概。革命文化既是中华民族革命斗争历史的高度文化凝聚，也是中国精神在革命年代的主要表现形式，寄托着各族人民对美好生活的向往。

社会主义先进文化是在党领导人民推进中国特色社会主义伟大实践中，在马克思主义指导下，形成的面向现代化、面向世界、面向未来的，民族的、科学的、大众的社会主义文化，代表着时代进步潮流和发展要求。

这三种文化都是中华民族在生存发展进程中的伟大创造，记载了中华民族自古以来在建设家园的奋斗中开展的精神活动、进行的理性思维、创造的文化成果，是民族禀赋、民族意志在伟大斗争中的历史表达、时代体现，也是中华民族生生不息、发展壮大的丰厚滋养。

这些文化滋养体现在风险多元共治中，在各种不确定性挑战面前，文化有助于"意识合力"的形成。文化引领力、文化凝聚力、文化感染力、文化约束力可以支撑城市风险多元共治格局的形成。这是我们中国人骨子里的实实在在的"文化韧性"[1]，是一脉相传、仍旧初心不改的中华文明生生不息、源远流长的文化基因。无论是唐山、汶川地震还是"非典"、新冠疫情，我们的医护人员、解放军战士、武警官兵、社会各界都能做到万众一心、众志成城，团结互助、和衷共济，迎难而上、敢于胜利。每一次都能以我们民族特有的精神和毅力，化险为夷，转危为安，我们已经将韧性的力量熔铸于中华民族的生命力、创造力与凝聚力之中。这不仅仅是一种精神鼓励，而是我们在历史命题中找寻到的答案。当我们面临大的危机和困难时，只要能有组织的、科学的、高效地释放这种韧性，就一定能攻坚克难，快速赢得胜利。

2. 技术维度

与"文化维度"相比，"技术维度"更加具体化和形象化，可以将其理解为：利用一系列的技术提升城市在面对突发灾害灾难时所表现出来的灵活性的能力。如对于一些应急装备和物资，一座城市可能大多数时间都用不着，但仍然要具备短时间内生产、转产相关物资的能力，能够基本保障城市资源在短时间内快速供给。防疫期间，国内一些城市能够组织所在的企业在短时间内跨界生产口罩、呼吸机等物

---

[1] 周溯源：《学者视域中的治国理政》，四川人民出版社 2017 年版。

资，就是一种技术上的韧性。又如城市群之间在风险治理和应急管理上的政策同步、标准统一、结果互认也是一种技术韧性；利用信息技术支撑信息资源的跨部门、跨层级、跨区域互通和协同共享，借助大数据技术进行评估分析，判断是否存在供给缺口或冗余也是如此。

3. 管理维度

管理维度是方法，包含了运行的机制和相应的体制。也可以狭义地理解为"政府韧性"或"组织韧性"。政府韧性主要强调政府的主体地位，要求政府在紧急情况下能够智慧理性地做出准确的判断，而且能够持续跟踪，最后率领民众取得胜利。组织韧性主要强调中国特色社会主义制度。和西方国家相比，中国特色社会主义制度的一大优越性就是拥有强大的组织动员能力。这种能力在面对灾害风险时，能够迅速调动各类资源，集中各方力量，形成强大合力。要增强城市的管理韧性，首先需要完善的组织管理体系。在应对重大公共事件、风险灾害时，能够迅速组织动员各方力量，形成统一调度、各司其职、各负其责的应急管理机制。二是需要发达的社会组织和志愿者队伍。能够广泛链接社会资源、发动社会力量，积极参与社会救助、灾害应对。三是需要着力培育成熟的民众心态。教育社会民众在面对重大事件、突发事件时，保持从容、不慌乱、不盲从，支持、配合政府作出的理性决策，从而有效减轻政府组织动员的成本和难度。

三、韧性城市建设的三个关键能力

城市和生命体高度类似，城市和生命体都是复杂系统。城市可以看作是一个各个"器官"、各个子系统充分联系、高度协作的有机生命体。对城市的认知不应该是机械的、割裂的，而应该是联系的、系统的。

2010年的《科学》杂志上有一篇文章，学者以东京地图为蓝本，在实验室中，为一种黏菌设计了一套人工食物源环境，经过一天时间，这种黏菌演化出一条条食物运输通道。[1]实验人员对比发现，这个自然形成的网络与城市规划师精心设计的东京的地铁网络在结构和形状上都十分类似。城市和生命体、生命系统一样有自身的规律，而且随着研究的深入，两者的相似之处还有很多。例如：新陈代谢——城市生命体与外界进行能量、信息及物质的交换；生长发育——城市发展往往是从无序到有序的过程，伴随着量变和质变；遗传和变异——城市的发展受到各种禀赋的限制，比如文化、自然资源、政策环境等，所以城市发展、制度设计很难跳出"遗传"制约，但在少数情况下会出现跨越式的发展；关联和共生——城市各个部分在社会层面、经济层面、文化层面高度关联。它们有机地组合在一起，就像一个生命体是由很多器官组成的一样，难以切割，简单切开来的子系统就不是原来的系统了。这些子系统也很难单独存在。换言之，对某一个子系统的专门研究很难反映问题的真实全貌，加之部门条块之间、社会群体利益之间、局部利益与整体利益之间复杂的利益关系、历史沿革，仅通过分解、简化来解决复杂性问题，越来越显得徒劳。

总体看，安全韧性城市建设的目标是要在慢性压力和急性冲击下保持抗压、存续、适应和可持续发展的能力。从生命系统获得启发，

---

[1]　徐小东、王建国：《绿色城市设计》，南京东南大学出版社2018年版，第246页。

结合相关理论对城市综合防灾安全过程韧性研究，韧性建设要点在于增强三个关键能力：免疫力、治愈力、恢复力。

（一）免疫力：识别"非己"，自我恢复

免疫力，是韧性能力的关键。

党的二十大报告强调："坚持安全第一、预防为主，建立大安全大应急框架，完善公共安全体系，推动公共安全治理模式向事前预防转型。"事前预防目标就是实现人民至上、生命至上，避免城市暴露于灾害之中。

城市和生命体一样，是一个开放、复杂的，内部环境不断流变—突变，同时与外部环境不断发生信息、物资、能量交互的复杂不稳定巨系统。

每一个生命体都有自身的免疫系统。医学上，免疫系统功能之一在于区别"自己"和"非己"，对危险的"非己"物质进行识别和清除。免疫系统的医学定义是针对人体这一复杂系统提出的，其反映了人类抵御多种疾病以及和多种"非己"物质适应、共生的原因所在。

1. 基础设施的基本防御能力

城市免疫力包含的第一层能力是基础设施的基本防御能力。城市空间中的各类基础设施本身都具备安全属性，对各类干扰都具备基本的防御能力，这是城市系统免疫力应包含的基本能力之一。

这是本书关注的重点。主要体现在城市的基本功能上，本书强调对基础设施韧性能力进行评估旨在清楚掌握基础设施的抗风险能力水平，从而实现精细化管理，更好地防御风险。

2. 风险监测发现能力

生物体的免疫功能有一套对病毒的识别机制，与生命体类似，城市系统的免疫力还要包含风险监测、发现能力。

如以市政设施、城市生命线安全为目标，深度挖掘城市生命线运行规律，创建"前端感知—风险定位—专业评估—预警联动"的城市生命线工程安全运行与管控精细化治理模式。针对城市高风险空间致灾因子实时动态监测、综合预警防控和处置决策支持的技术需求，建立风险隐患识别、物联网感知、多网融合传输、大数据分析、专业模型预测和事故预警联动的"全链条"城市安全防控技术体系架构，形成燃气、供水排水、热力、综合管廊、道路桥梁等城市生命线工程的城市安全空间立体化监测网，解决城市安全运行状态动态监测、安全风险评估、风险预警防控、协同组织架构等问题。

例如上海建立重大风险报备机制。2015 年，上海市政府印发《关于进一步加强公共安全风险管理和隐患排查工作的意见》，建立健全风险评价、隐患排查、市民举报、信息管理、整改治理等工作机制，推进应急管理从"应急处置"向"风险管理"转变。市政府常务会议每年听取风险管理和隐患排查情况汇报。市应急办建立隐患排查报备管理平台，每月对整改进展情况进行跟踪，从而形成了"排查—整改—销号"的全过程管理。

3. 自我纠错，自动调节能力

韧性城市的免疫力还体现在面对各种干扰因子能够自我纠错，快速回到稳定状态的能力。一个企业将安全生产贯穿在日常管理的全过程，落实在每一个员工的日常行为中，这是一种免疫力。当台风来临，及时发出预警，各部门落实好各项防控措施，广大市民主动避险，城市运行系统未受影响，就是一种自我防御、自我恢复，是免疫力的体现。这种免疫力的形成有赖于文化的塑造、技术的支撑，管理得精细。

免疫力提升过程中，离不开外在控制、制约。

对于个体生命来说，生命系统有自身的免疫机制，主动管理健康是一种非常自律的行为，可以发挥增强免疫功能的作用；对于企业这样的市场主体来说，主动管理安全是一种需要付出巨大成本的行为；对于城市这个巨系统来说，安全是公共管理的基本职能。从韧性城市建设的角度看，必须建立一整套制度、机制激励、约束各类主体行为，才能使整个城市具有更强的免疫力。

从长期看，韧性城市建设的最终目标是提升免疫力。党的二十大报告明确提出"推进国家安全体系和能力现代化"，提出了四项具体举措：健全国家安全体系；增强维护国家安全能力；提高公共安全治理水平；完善社会治理体系。其中最鲜明的特征之一是强化预防。从体系建设、能力提高等不同角度强调预防工作的重要性。建设风险监测预警体系、国家应急管理体系建设；坚持安全第一、预防为主，建立大安全大应急框架，完善公共安全体系，推动公共安全治理模式向事前预防转型。推进安全生产风险专项整治，加强重点行业、重点领域安全监管。

提升韧性能力，免疫力提升是重中之重，是实现韧性城市建设目标的核心。

（二）治愈力：有效控制风险损失的能力

治愈力是有效控制风险损失的能力，是韧性能力的重要内容，是从各种冲击中快速恢复的基础。

不同类型的风险其演化规律不同，风险传导的速度不同，造成的灾害损失也不同，"治愈方法"也不同。按照事故（事件）的规律特征，城市的典型重大风险特征可以用偶发性、突发性、后果衍生能力、可预防性、可预测性和可监测性六要素来表述。偶发性是针对城市重大风险发生的频次（概率）而言；突发性是针对城市重大风险发生的速度而言，一般来说城市安全生产重大风险突发性最大，城市运行保障重大风险突发性居中，自然灾害灾难风险（除地震外）和城市新型风险的突发性最小；后果衍生能力主要和事故自身释放的能量大小、波及的范围两个因素相关；可预防性是"干预"是降低发生的可能性及"干预"是降低后果严重度；可预测性是从事故或事件的形成机理出发，对关键参数进行实时监测。例如，传染病因传播方式等不同，传播速度则不同；又如自然灾害可能引发疫情；有的危机是短期的，有的则是一个阶段的慢性压力。

治愈力主要是外在的控制力，治愈力在机制层面指建立一套权责明晰且行之有效的响应机制，能够在危机来临时迅速启动奏效；在决策层面指应对危机时能够科学、迅速地做出决策，精准控制危机带来的危害；在行动层面要确保信息通路高效透明，各类要素资源具有一定的冗余或高效的"平灾"转换能力。

例如，实施大客流"四长联动"应急处置机制是一种有效控制风险传导的措施。2017年，为有效应对轨道交通大客流，上海建立了轨道交通车站应对大客流"四长联动"应急处置机制。"四长"即轨交车站地铁站长、轨交公安警长、属地派出所所长和属地街镇长。经过多次的实践检验，该机制发挥了很好的作用。如2018年4月25日早高峰时段 2 号线设备故障，部分站点出现较大乘客滞留。该机制及时启动，共疏导驳运滞留乘客约 5.6 万人，及时化解了大客流风险。

上海每年 5—10 月份台风、雷暴雨等自然灾害多发、频发，防灾减灾面临严峻挑战。通过全方位的努力，上海已建立了气象灾害风险预警业务体系，影响预报和风险预警服务覆盖城市内涝、交通、航空、海洋、健康等重点领域。近年来，上海气象部门积极融入城市运行"一网统管"建设，与多部门联合开发智能化应用场景，打造城市精细化管理气象先知系统。同时上海积极推进海绵城市建设，采取"渗、滞、蓄、净、用、排"等措施，构建低影响开发雨水系统，有序扩展城市可渗透地面面积，确保当城市遭受极端天气灾害侵袭时，防灾工程设施能有效发挥作用。

（三）恢复力：应急处置，全面恢复

对于城市安全这一复杂系统而言，恢复力是重要的保障能力。

党的二十大报告提出"提高防灾减灾救灾和重大突发公共事件处置保障能力"，恢复能力首先表现为应急处置能力。统筹应急资源，建立快速反应、有效应对的应急机制，确保事故发生后，最快速度实施救援，最大程度降低事故损失。比如系统打造水域、高层、轨交、化工、大跨度建筑等专业攻坚力量，积极鼓励引导街道、社区、企业、单位等基层应急力量和社会救援组织承担一定的初期抢险救灾职能。还应积极推行社会应急装备物资、大型工程器械联储联动机制。确保事故发生后，有正确的人，配备正确的装备，配足正确的物资，在正确的时间出现在正确的位置上，开展救援。

其次是系统从消极状态中恢复的能力。城市生命体从各类突发事件和慢性压力带来的负面影响中恢复往往是多方面的。主要包含三个方面：物理空间功能的恢复；各类管理系统、公共秩序的全面恢复；公众情绪特别是对未来发展预期的恢复。这一能力由制度优势、文化优势、技术优势以及市场激励手段共同构建。

最后是系统整体迭代提升的能力。一个"韧性"组织在各种不确定挑战的冲击下，会快速形成大量行之有效的工作方法，并通过一套行之有效的筛选机制，快速迭代、升级，提升能力，不断应对新的不确定性挑战。

要逐步固化为主动防御的能力，内化为主动控制的自愈能力，直至迭代为免疫力。从治愈升级为自愈的过程可以分解为三个层次：一是及时总结，每一次突发事件后，通过经验总结，沉淀优秀做法；二是逐步形成行业操作规范、操作手册等，在行业内推广直至在更广泛的领域推广；三是整合协同，整个城市管理系统会在这样的反复实践、训练、纠错中实现系统迭代。随着管理成熟度的提升，管理人员，特别是一线人员可以主动地在各种支持下根据事态的动态变化，在第一时间作出判断，调动资源、采取行动，即为一种自愈能力。

韧性能力看似复杂，但抓住免疫力、治愈力、恢复力这一能力框架，就能根据自身特点，找到提升路径。

四、提升城市安全韧性能力的三个关键

韧性能力是城市风险防控能力的系统升级，体现了生命至上的原则和目标，是安全体系和能力现代化建设的重要内容，有三个关键需要关注。

（一）从被动应对到主动适应的目标转变

韧性能力提升，意味着我们应对各类冲击时，整个城市运行体系的目标发生了变化，不仅包含被动防御，还包含主动预防，主动减缓和适应，预防为先，守护生命。

例如，在应对自然灾害方面，不仅要被动防御，还要主动减缓，探索适应新变化的方式。2022 年 5 月，生态环境部等 17 部委联合印发《国家适应气候变化战略 2035》，首次将适应气候变化提高到国家战略高度，推动重点领域和区域积极探索趋利避害的适应行动。在这一指导思想下，主动减缓温室气体排放、对气候变化加强风险预警，提升气象服务能力，与各行各业共同提高应对极端天气等举措被提上议事日程。

目标的转化，其实质指向发展和安全的统筹，用发展的眼光看待安全问题，在发展的过程中确保安全，是更深层次的预防。

（二）以平战结合为核心的要素重构

"平战结合"是在适应慢性压力和极端冲击中高效、经济的策略，是实现主动适应目标的有效手段和突破口。

从常态到非常态的快速转换能力是平战结合的重要内容。这一转换能力的实现可以从三个角度发力。

一是实现基础设施、管理单元功能的多样性和模块化，为平战结合奠定基础。

设施功能的多样性，确保了安全和成本之间的平衡，可以用较小的投入实现常态和非常态功能的转化和结构调整。

基础设施功能的模块化一方面可以实现功能的快速重新组合，快速实现系统功能的转化。另一方面也可以分散干扰，锁定增益，阻断风险。

在抗击疫情的过程中，很多企业能够快速转产口罩生产很大程度上依赖于今天我国工业制造在多样性、模块化方面的卓越能力。

从系统的管理结构上来说，只有实现了基础设施和管理单元功能的多样性和模块化，才可能实现城市运行系统在各种状态下的机构调整、快速转化。

二是以适度冗余为基础的韧性能力提升。

冗余是实现防御急性冲击的基础性措施，但冗余意味着成本，有效协同和适度冗余的结合往往更具适用性。如世博会举办期间上海充分挖掘周边城市的综合资源，通过多渠道合作分流游客的居住压力和接待压力，强化公共交通基础设施网络，增强交通聚散能力，形成多层次、多方位的服务体系，通过疏散人流缓解压力，实现了风险分散。

随着信息技术的发展、物流能力的提升，以效率降低成本更具可行性。对于一个高效协同的系统而言，分布式布局是一种非常经济的"动态冗余"。党的二十大报告提出"加强国家区域应急力量建设"，直指区域高效协同。各类资源合理的分布式储备，一地突发事件，一地资源不足，但只要可以快速协调，就是具有一定的冗余性，是一种典型的"动态冗余"。[1]

三是充分利用各种新技术、新工具，赋能基层，构建高效系统并提高战时组织结构转化能力。

---

[1] 孙建平：《用发展的眼光看待安全问题》，《解放日报》2022年12月20日。

城市运行管理的层级多，链条较长，在突发事件中，难免反应速度慢，不能适应战时状态。相对而言，扁平化系统效率更高。基于信息技术实现组织结构的调整是一种有效手段。正如党的二十大报告指出的提升社会治理效能要"完善网格化管理、精细化服务、信息化支撑的基层治理平台"系统从常态转化为战时，必要条件之一是要确保建立完备的信息沟通机制，赋能还要赋权，让基层快速行动起来。

例如，上海探索建立应急管理单元制度就是赋能基层。从2005年开始，上海建立起应急管理单元，通过组织体系、应急预案、应急保障、工作机制、指挥信息平台"五要素"，保证这些特定区域平时"有人牵头"抓防范，急时"有人召集"抓处置。将10个重点区域和高危行业重点单位确定为市级应急管理单元，各区也相应建立了38个区级应急管理单元。建立了"条（委办局）、块（区政府）、点（应急单元）"相结合、全覆盖的应急管理责任体系。

在进行基层应急管理"六有"建设2016年，市政府办公厅印发《关于进一步加强街镇基层应急管理工作的意见》，提出了街镇应急管理"六有"（有班子、有机制、有预案、有队伍、有物资、有演练）建设的具体内容，推进应急管理向基层延伸。结合基层特点，在村（居）设立"应急宣传栏"、配置"应急小广播"、配备"应急急救箱"、建立"社区应急响应队"、建设"应急实训点"等，使应急管理的触角延伸到最末端。

（三）以协作为保障的环境塑造

城市韧性能力提升，需要全社会的共同努力，离不开一个重视互助、协作的社会环境。

党的二十大报告指出"健全共建共治共享的社会治理制度，提升社会治理效能"。一个韧性的城市必然是人人参与建设、人人享有安全的城市。实现最广泛地动员要有激励机制，也要有文化基础。中华民族是坚韧的民族，中国传统文化蕴含着坚韧、团结的基因；近代以来特别是"五四"新文化运动以来，在党和人民的伟大斗争中培育和创造的思想理论、价值追求、精神品格，又凝聚了中国人民顽强不屈、坚韧不拔的民族气节和英雄气概。千百年来的积淀，让我们这个民族在大灾大难面前，有着不一样的品格和难以比拟的动员能力。无论在灾害防御、应对还是恢复的过程中，文化可以凝聚最广泛的力量。个人、家庭、社区都是城市韧性的坚实保障，是真正的韧性力量所在。

例如，上海探索积极激发市场主体参与风险防控。上海于 2012 年在危险化学品领域全面推广安全责任保险，引入第三方组织为投保单位提供防灾防损服务。建立了危化品联席会议制度和烟花爆竹联席会议制度。推广应用电子标签自动识别系统，对危险化学品进行安全监管闭环管理。实行使用单位信息登录报送、行业主管部门和属地进行核对确认等常态化管理。要求仓储企业实行"筛选比对、定品定量、有序周转"的定置管理，有效管控仓储企业安全风险。2015 年，上海保监局联合上海市金融办、上海市气象局共同开展巨灾保险课题研究，探索建立上海巨灾保险制度及相关风险分散机制。2018 年 5 月，上海市巨灾保险试点工作在黄浦区正式启动。2018 年 8 月 12 日，台风"摩羯"过境上海，造成黄浦区南京东路临街店铺招牌掉落致死 3 人，巨灾保险第一时间启动理赔程序，快速定损和赔付，极大限度地化解了社会矛盾和不利影响。同济大学城市风险管理研究院探索区域单元综合保险研究。针对巨灾保险、社区综合责任险以及公众责任险所不能覆盖涉及的范围，黄浦区淮海中路设计了街道救助综合保险以填补相应的空白。

五、以新技术运用为突破口的韧性能力提升

党的二十大报告指出：坚持人民城市人民建、人民城市为人民……加强城市基础设施建设，打造宜居、韧性、智慧城市。

韧性城市建设和智慧城市建设可以相互促进。韧性能力建设作为一项系统工程会遇到各种挑战，新技术的运用是重要的突破口。

（一）智慧城市建设提速

2012—2022年10年来，我国数字经济规模从11万亿元增长到45.5万亿元，数字经济占国内生产总值比重由21.6%提升至39.8%；电子商务交易额、移动支付交易规模位居全球第一；一批网络信息企业跻身世界前列。2022年，中国规模以上高技术制造业增加值比上年增长7.4%，实物商品网上零售额占社会消费品零售总额比重达27.2%，比上年提高2.7个百分点。

同时，我国智慧城市进入快车道，例如，上海提出"创建面向未来的智慧城市"战略，已经有十年。2020年是一个较为明显的转折点。2020年10月，上海从350个国际城市中脱颖而出，成为首个获得"世界智慧城市大奖"的国内城市，11月，又在上海市第十一届委员会第十次全体会议上首次提出要"全面推进城市数字化转型"的重要论断，并正式对外发布《关于全面推进上海城市数字化转型的意

见》，围绕要建成具有世界影响力的国际数字之都，深刻认识城市数字化转型的重大意义、总体要求、坚持整体性转变、坚持全方位赋能、坚持革命性重塑、创新工作推进机制等。上海的数字化转型坚持整体性转变，推动"经济、生活、治理"全面转型。强化系统集成、整体提升，实现经济数字化形成新供给、生活数字化满足新需求、治理数字化优化新环境，推动三大领域相互协同、互为促进，整体推进城市数字化转型；坚持全方位赋能，构建数据驱动的数字城市基本框架。加快构筑数据新要素体系、数字新技术体系和城市数字新底座，充分释放数字化蕴含的巨大能量，以数字维度全方位赋能城市迭代进化、加速创新；坚持革命性重塑方面，引导全社会共建共治共享数字城市。以全面数字化转型，推动城市各领域全方位的流程再造、规则重构、功能塑造、生态构建，创造全新的生产生活方式和发展路径。创新工作推进机制，科学有序全面推进城市数字化转型；强化动态调整和供需匹配，通过数字化转型，将各领域堵点难点转化为发展亮点，形成政府引导、市场主导、全社会共同参与的城市数字化转型工作格局。目前上海城市数字化转型"1+1+3+3"政策框架，两个"1"，一个是2020年底出台的《关于全面推进上海城市数字化转型的意见》，另一个是《上海市全面推进城市数字化转型"十四五"规划》，以及三大领域数字化转型三年行动方案：《推进上海经济数字化转型赋能高质量发展行动方案（2021—2023年）》《推进上海生活数字化转型构建高品质数字生活行动方案（2021—2023年）》《推进上海治理数字化转型实现高效能治理行动方案（2021—2023年）》；第二个"3"中有一个就是数据条例立法《上海市数据条例》《上海市促进城市数字化转型的若干政策措施》，以及成立数据交易所。

（二）风险治理数字化是城市数字化转型的重要内容

多技术协同将成为推动城市安全发展的新路径，能有效提升城市韧性能力。在风险评估和监测预警等方面，要紧盯科技发展前沿，聚焦常规风险和新型风险的主动感知、智能预测和应急联动等领域，积极探索推动新兴信息技术与公共安全技术的融合发展。通过加大公共安全科技研发投入，持续加强前沿基础研究和关键技术突破，强化前沿基础研究成果在关键技术研发和技术系统构建中的应用，建立较为完善的技术研发体系和标准规范，形成以科技创新驱动的城市安全韧性体系完善的新模式。

近年来，在风险评估和监测预警领域，我国加大建设力度。智慧应急的前身是应急管理科技创新和应急管理信息化，从 2014 年国务院办公厅出台的《关于加快应急产业发展的意见》，到 2018 年应急管理部制定印发的《应急管理信息化发展战略规划框架（2018—2022 年）》，我国应急管理信息化建设的系统性、体系性不断得到加强。特别是在监测预警方面，不少地方不断完善研判会商机制，将信息化手段和研判会商机制深度融合。2020 年 9 月，应急管理部公布了"智慧应急"首批试点建设名单，为创新驱动打造应急管理信息化应用样板，为培育一批特色鲜明、优势互补的"智慧应急"示范打下基础。2021 年 5 月，应急管理部就应急管理信息化建设提出了明确要求和整体布局，重点指出要以规划引领、集约发展、统筹建设、扁平应用，夯实信息化发展基础，补齐网络、数据、安全、标准等方面的短板弱项，推动形成体系完备、层次清晰、技术先进的应急管理信息化体系，全面提升监测预警、监管执法、辅助指挥决策、救援实战和社会动员能力。2021 年 12 月，中央网络安全和信息化委员会发布了《"十四五"国家信息化规划》，明确提出打造平战结合的应急信息化体系，建设应急管理现代化能力提升工程。2022 年，国务院印发的《"十四五"国家应急体系规划》也指出要强化信息支撑保障，推动跨部门、跨层级、跨区域的互联互通、信息共享和业务协同。不断强化数字技术在灾害事故应对中的运用，全面提升监测预警和应急处置能力。[1]

（三）数字化技术在城市韧性能力提升中的作用

要灵活运用大数据、云计算、人工智能等新技术和新方法，运用在韧性能力提升的全过程中。具体来看：

"数据化观"：数据将"未病"可视化。更清晰识别潜在风险，是精细化管理的前提。要坚持问题为导向，强化综合能力。如围绕城市的油气管道、桥梁隧道、大型建筑等重大风险源，加强关键参数及状态监测能力，形成风险数据化。要为城市制定一份基于详细数据的、打破"科室限制"的、关于城市的"全科"体检报告，城市体检是城市发展不可或缺的环节，而城市安全体检是其中的重中之重。

"信息化管"：监控未病，控好已病。

坚持以需求为导向，形成长效机制。利用好这些数据将是一个更长期的研究过程，各种数据模型还需要经过长期的实践检验，用好"一网统管"城市运行平台，落实城市风险地图，同步做好隐患排查、登记、评估、报告、监控、治理、销账的闭环全周期管理，强化风险关联性分析，落实风险防范的导向能力。

---

[1]　孙建平：《机构改革五年之变：机制之变》，《中国应急管理》2023 年第 4 期。

"智能化防"：防好大病。从数据到智能，坚持以应用为导向，强化技防能力，提升预警技术。重点要用好物联网、互联网、大数据、云计算、5G等新型信息技术。比如对大客流实时监控，借助智能算法，适时提出限流预警，确保不出现大客流"对冲"的现象，有力地杜绝了踩踏风险。

"智慧化统"：系统能级的跨越。数据能力的再升级，指向风险防控决策能力的优化。强化大数据分析能力，从数据上发现系统性、结构性的问题。比如通过对产业供应链的国有化程度分析，就能够增强国际贸易问题的处突能力。在城市安全生产、防灾减灾等风险防控上，要将数据化观、信息化管、智能化防统筹管理起来，要强调基础信息汇聚、现场信息获取、事故链演变态势分析的能力，落实"数据＋经验"的双驱动决策机制等。对城市常见的灾害类型进行风险评估，编制城市自然灾害风险评价图，建立完整、全面且动态的城市灾害数据库和风险特征库，通过仿真模型模拟风险的发生概率、演化路径和影响范围，推演不同情境下风险的情况，模拟灾后的逃生路线、救援方案和损毁情况，提高风险评估的精确性和便利性，提高韧性城市的精细化和科学化水平，让评估结果真正倒逼韧性城市安全体系不断趋向完善。

"现代化救"：高效快速反应。强化应急装备技术支撑和关键技术研发，做好应急资源保障，提升救援实战能力，落实"全灾种、大应急"的要求。还要利用更丰富的技术实现更敏捷的反应和高效的资源保障。如针对水域、高层、轨交、化工、大跨度建筑等城市重大风险，系统打造专业攻坚力量，建立专项演练的评估机制，不断提高现场人员的应急处置能力水平。积极鼓励引导街道、社区、企业、单位等基层应急力量和社会救援组织承担一定的初期抢险救灾职能。积极推行社会应急装备物资、大型工程器械联储联动机制，通过购买服务等形式构建物资快速保障体系。要研究落实关键应急抢险装备、材料和关键抢险人员的动态配置，该建的队伍一定要建，该配的装备配得起就配，配不起就租，以多种形式实现应急物资与器械的联储联动，最大程度地创造应急阶段所需的交通、水源、电力、通信等外部条件。

在上海等多个试点城市已经通过建设安全风险综合监测预警平台全面提升监测预警和应急处置能力，取得良好效果。特别是在实践中上海在这类平台建设时，与智慧城市其他平台共通、共享，充分利"旧"，同时实现能力升级，在城市风险防控和城市韧性能力提升中发挥了重要作用。

当然在数字化工具运用过程中，也要警惕系统性风险和隐蔽风险。

数字化转型，以及运用各种数字工具。人们面临的安全问题不仅是物理世界的一场事故，而是信息世界和物理世界高度融合，城市运行系统的脆弱性有了新的表现形式，其产生的危害可能是系统性的。一方面，在数字化转型中，越来越多的"无人"场景出现，对数据依赖程度越来越高，一旦出现问题就可能造成系统性瘫痪。而且一旦被攻击、被劫持或自身运行发生错乱，难以直接、快速进行纠正。另一方面，设备、器材、芯片、软件等数字化生态链复杂度极高，任意一个环节被植入后门或存在高危漏洞，就可能导致整个系统乃至所有相同的设施遭殃。

城市数字化转型中蕴含的风险，具有极强的隐蔽性，我们要保持警觉。物理世界质量缺陷、安全隐患的确定相对直观。信息世界风险的隐蔽性更强，人们很难判断数字安全的发现机制是不是可靠。未来，这一现象还会愈演愈烈，人工智能运用越来越广泛，客服机器人、各种智能工厂、各种智能识别技术都在迅速推进。人工智能算法模型的可靠性与安全性还很难确定。随着对无人系统业务需求种类的飞速增长，系统对于人工智能算法的依赖性也日益提高。而作为算法"黑箱"的人工智能无法提供其机理的解释性，则其结果的正确性与安全性也难以量化，同时，深度学习模型存在泄露的风险。这种"黑箱"内的隐蔽风险，很可能是我们智慧城市安全的重大挑战。此外，还有大量围绕数字化转型的技术壁垒也是一种较为典型的系统的、隐蔽的风险，要面向国家公共安全保障重大需求，借助现代科技手段构建互联互通的城市应急决策指挥系统，研发具有自主知识产权的公共安全软件，减少国际技术软件壁垒可能对公共安全科技发展带来的影响。各种隐蔽风险，是智慧城市安全的重大挑战。对于这些风险要保持高度警觉。[1]

---

[1]　孙建平、苑辉：《"智慧城市"数治善治，数字化转型发展保障城市安全》，《新型城镇化》2023 年第 Z1 期。

第二章
上海韧性城市建设的现状和评价

第一节　上海面临的主要自然灾害及对关键基础设施的挑战

一、上海面临的主要自然灾害及趋势

上海市自然灾害主要包括台风、暴雨、洪涝、地震、地面沉降等。近年来，海平面抬高、平均气温升高、台风时有发生、潮位趋高、强对流天气多发、暴雨强度加大，易造成大险大灾以及次生、衍生灾害。从空间上看，台风影响覆盖全市，城区排水不畅低洼地区受暴雨洪涝灾害较重。地震威胁主要来自长江口海域、南黄海海域和郯庐断裂带南侧区域，地面沉降风险与城市建设载荷相关性较高。

（一）台风活动影响趋势增大

上海位于中国东部沿海地区，正好处于西太平洋台风活动的路径

上。夏季和秋季是台风活跃的季节，台风生成后往往会向西北方向移动，并有机会接近或登陆上海地区。上海周边是辽阔的东海，海水温暖，湿度较高，这种海洋环境为台风的形成和发展提供了良好的条件，另外上海属于亚热带季风气候，夏季潮湿炎热，气温较高。这种气候环境与台风的形成和发展密切相关，为台风的生成提供了热能和水汽。由于上述因素的叠加作用，上海常年面临台风的威胁，台风给城市带来了强降雨、强风和风暴潮等不利影响。2017—2021 年上海市台风造成的灾害情况如表 2-1 所示：

表 2-1   2017—2021 年上海市台风造成的灾害情况

时　　间	名称	影　　响
2021/9/12	灿都	全市受灾人口 73.3 万人，紧急避险和安置转移 69.7 万人，农作物受灾面积 2.4 万公顷。台风带来的暴雨造成 1960 多处积水和 40 余辆车抛锚进水；大风致 3 万多株树木倒伏，供电中断近 50 处，损坏车辆 3200 多辆，2030 多条道路交通受到影响，砸断 210 余根电线，190 余处停电，吹倒吹坏雨棚、窗户、信号灯、铁皮等 3400 余个；雷电造成 2 处着火和 30 处停电；上海两大机场取消主要影响时段航班，客轮全线停运。
2021/7/22	烟花	
2020/8/4	黑格比	全市受灾人口 8057 人，紧急转移安置 73 人，农作物受灾面积 5240 公顷。暴雨造成 660 多处积水和 90 余辆车抛锚进水，大风吹倒吹落各种杂物砸坏 320 余辆，影响 210 多条道路交通，大风还吹倒、吹坏吹断了广告牌、信号灯、电线等 450 余个；雷电造成 4 处着火和 16 处停电。两大机场共取消和延误航班 250 余架次，轮渡和长途客运陆续停航停运。直接经济损失共计 8960.8 万元。
2020/8/25	巴威	大风吹倒、吹落各类杂物，并砸坏 20 辆车，影响 4 条车道的交通。大风还吹倒、吹落、吹坏了简易房、树木、广告牌、门等 20 余个。
2020/9/1	美莎克	
2019/9/21	塔巴	大风吹倒大树，并吹落玻璃等杂物，砸坏 61 辆车并影响 24 条道路交通；大风还吹倒隔离栏、红绿灯等 15 个。

（续表）

时　　间	名称	影　　响
2019/9/6	玲玲	造成积水至少 92 处，80 余辆车抛锚。
2019/10/1	米娜	全市受灾人口 18.9 万人，紧急转移安置人口 15.9 万人，农作物受灾面积 0.9 万公顷。台风带来的暴雨造成积水 1300 多处；大风致使 3.2 万株倒伏树木、209 条电力线路中断，吹落各种杂物砸坏 1100 辆以上车辆，并影响了 820 多条道路。
2019/8/9	利奇马	大风还吹倒吹坏广告牌、信号灯等近 280 个；上海虹桥机场和浦东国际机场共取消航班 3000 多架次，停运 20 条高铁、地铁和 300 班长途客运。上海港封港、水上轮渡停驶。
2018/7/11	玛莉亚	共计刮倒了树、木板、玻璃等杂物，砸坏 89 辆车，影响 34 条道路交通，损坏 12 个红绿灯和 7 个雨棚。
2018/10/5	康妮	
2018/7/21	安比	共计造成 391026 人受灾，紧急转移安置 369976 人，农作物受灾面积 7381.4 公顷，其中成灾面积 2978.8 公顷，绝收面积 24.2 公顷；大风刮坏 27 个红绿灯，刮倒了树、广告牌、指示牌等，致使 252 辆车被砸，影响 204 条道路交通，还发生多起电线杆刮倒和电线刮断压断事件，导致多个小区停电；暴雨造成 50 多条道路和 10 多个小区房屋积水，10 多辆车抛锚；上海两大机场延误取消航班 2300 多架次。直接经济损失 9033.7 万元。
2018/8/3	云雀	
2018/8/13	摩羯	
2018/8/17	温比亚	
2017/9/14	泰利	大风造成 3 辆轿车被砸，1 棵大树刮倒在路面上影响 2 条车道通行。

（二）降雨强度和暴雨日数趋势性增加

上海地处亚热带季风气候区域，夏季气温高、湿度大，这种气候条件有利于形成暴雨天气。暖湿空气在受到冷空气的影响下容易形成不稳定的大气层结，从而促使暴雨的发生，夏季时南海季风和西太平洋副热带高压共同作用，这些季风系统会带来湿润的气流和大量的水汽，为暴雨的形成提供了条件。

据统计每年暴雨日数有增加趋势，下图统计了 1956—2020 年共 65 年的暴雨日数，结合上海城市化进程，将暴雨日数变化分为三个阶段。1980 年前，全市年平均暴雨日数为 8.4 天；1980—2010 年期间，暴雨日数增幅较大，年平均暴雨日数为 19.1 天；2010 年至今，暴雨日数较前一阶段增幅变缓，年平均日数为 21.7 天。

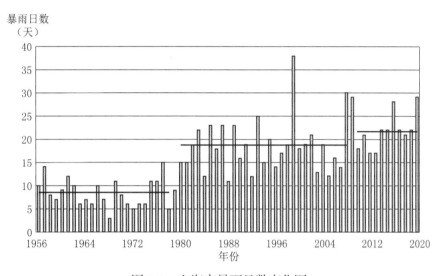

图 2-1　上海市暴雨日数变化图

（三）黄浦江上游水位趋势性抬升

全球气候变化可能导致降雨模式的变化，从而影响河流水位。如果降雨量增加或降雨分布模式发生变化，黄浦江上游水位可能会上升。为分析黄浦江上游地区水位变化情况，以上游控制站米市渡站为例。下表对米市渡年最高潮位、年平均高潮位、年平均低潮位和年最低潮位进行了统计分析，统计了历史上 1999 年前和 2000—2019 年这两个时段的各特征值平均值。从表 2-2 可以看出，年最高潮位和年最低潮位分别抬升了 51 厘米和 36 厘米，年平均高潮位和年平均低潮位分别抬升了 26 厘米和 21 厘米。从统计出的数据可以看出，黄浦江上游地区潮位，不论是高潮位，还是低潮位，2000 年以后的潮位比 2000 年以前发生了显著的抬升。

表 2-2　黄浦江及上游潮位站特征值平均值分析表　　　单位：米

特征值	计算时段	米市渡	特征值	计算时段	米市渡
年最高潮位	历史—1999	3.57	年平均高潮位	历史—1999	2.75
	2000—2019	4.08		2000—2019	3.01
	差值	0.51		差值	0.26
年最低潮位	历史—1999	1.07	年平均低潮位	历史—1999	1.72
	2000—2019	1.43		2000—2019	1.93
	差值	0.36		差值	0.21

因潮位抬升和防御能力提高，2015 年米市渡警戒潮位也相应做出调整，从 3.50 米调整到 3.80 米。但近些年，米市渡潮位依然抬升，超警次数不断增加，尤其是 2016 年太湖洪水和 2020 年太湖洪水的年份，汛期超警分别达 25 次和 31 次。

（四）黄浦江及苏州河净泄水量增加

黄浦江上游有斜塘、园泄泾和大泖港三条主要支流，这三条支流分别承泄太湖、江苏阳澄淀泖区和浙江杭嘉湖地区的大部分来水。上游三条支流在米市渡站附近的上游方向汇合，流量开始集中。以苏州河控制站黄渡站（国家基本水文站）流量为例，2000 年前后苏州河净泄水量变化，全年净泄水量从 1.773 亿立方米增加到 8.440 亿立方米，增长了近 3 倍。

（五）流域综合治理和水利工程建设综合影响

黄浦江是太湖流域的主要泄洪河道之一，特别是 1991 年太湖流域遭遇特大洪水后，疏拓太浦河、红旗塘工程，扩大拦路港、泖河及斜塘工程，以及后来增列的黄浦江上游干流防洪工程为流域治理骨干工程。一系列流域防洪工程，增加了流域的泄流能力，但也改变了潮流上溯条件，使感潮区潮流界相对上移，带来自下而上的水位抬升作用。

随着经济社会的发展，流域圩区建设规模不断扩大，流域内各地区圩区建设标准各不相同，经济条件好的地区，圩区或水利控制片除涝标准越来越高，堤高及排水模数不断提高。流域或区域暴雨时，大量外排涝水，使得涝水迅速汇入区域、流域骨干河道，外河河网水位迅速上涨。特别是长时间流域暴雨和区域暴雨，遭遇黄浦江下游天文大潮的潮汐顶托，极易导致上游水位壅高。因此，未来流域的圩区达标建设及除涝标准的提高，对于黄浦江上游水位抬升有不利影响。

二、上海历史极端气象及风险区域研判

（一）上海市极端气象水文基本情况

上海市地处长江三角洲东缘，居太湖流域下游，东面临海、南接杭州湾，地势低洼，是一个洪积型的冲积平原，属典型的平原感潮河网地区。受特定地理环境和气候因素的影响，热带风暴、暴雨等灾害性天气时有发生，加之上游太湖流域洪水下泄过境，造成上海市的水灾频繁，损失严重。对上海市威胁最大的主要有台风风暴潮叠加天文大潮造成的高潮位、中心城区的暴雨积水、区域性洪水等水灾，2013年"菲特"台风和2021年"烟花"台风均给上海带来风、暴、潮、洪"四碰头"的严重灾害。每次洪涝灾害的发生，都给这座人口密集、经济发达的国际大都市造成重大经济损失，严重制约了工农业生

产发展，威胁着人民生命财产安全。

同时上海属于亚热带东亚季风气候，年雨量多年平均为 1143.4 毫米，年雨日为 125—135 日，多年平均汛期雨量为 693.6 毫米，占全年总降水量的 61%，且集中在 4—9 月，即夏季风活动时期。上海市区的大多数暴雨是强度弱、范围小和持续时间短的暴雨，而强度高、范围大、持续时间长的暴雨到特大型暴雨仅占暴雨类型的少数，但它却给上海市区造成严重的地面积水灾害，暴雨地面积水已成为上海市区最主要的自然灾害之一，也是上海汛期主要防汛内容。从抗大灾角度出发，考虑防止市区暴雨临时积水确定排放标准时，必须考虑大暴雨、特大暴雨给市区带来临时积水的灾害。百余年来，上海市水文气象灾害明显增多。据上海市近 120 年的资料统计，共出现 34 个涝年。其中 4—9 月总降水量多达 1000 毫米以上的大水年有 17 年，平均七年一遇。从近三十年统计资料分析，上海市平均每年发生暴雨 23.6 次，雨量在 100—200 毫米之间的大暴雨每年 3.4 次，超过 200 毫米的特大暴雨每年 0.6 次。每次暴雨形成地面严重积水的降雨量约为 65 毫米 / 日，过程雨量大于每日 200 毫米的特大暴雨从 1959 年以来共发生 11 次，最大一次日降水量达到 581.3 毫米 / 日。最大每小时降水量达到 147 毫米 / 小时。上海暴雨次数与年际降水量有一定的关系，相关系数在 0.71 左右。一年中上海暴雨次数主要出现在汛期的 5—9 月，占全年暴雨总数的 85%，从 12 月—次年 2 月暴雨出现的概率最少。

（二）历史极端风、暴、潮、洪

1. "9711" 台风

1997 年 8 月 18 日至 20 日，"9711" 台风影响上海，出现了台风、暴雨、天文高潮三碰头的局面，出现了极为严重的汛情和险情。9711 号台风于 8 月 18 日晚 21:45 分在浙江温岭登陆，登陆时中心气压 955 百帕，近中心风速 40 米每秒，由于该台风 8 级风圈半径达 550 公里，加上 8 月 18—19 日适逢天文大潮，故离台风中心登陆地点尚有 300 多公里的上海，还是遭遇了 90 年代以来最大的台风影响。特别是潮位，出现了实测记录以来所未有的超历史高潮。黄浦江水位达到 300 年一遇的罕见高潮，其中黄浦公园站以 5.72 米，500 年一遇的罕见高潮位刷历史纪录。风暴潮过程历时长、具有明显的增水效应、海面风力强。据长江口横沙站资料，7 级以上东北大风持续 20 个小时，芦潮港站 18 日 23:28，最大风速达 38 米每秒（12 级以上）。

风暴潮过程历时长，8 月 16 日台风中心远离上海市千里之外，长江口区出现东北风，在大浪和迎岸风的共同作用下，16 日子潮增水 56 厘米，随着台风临近，黄浦公园站最大增水出现在 19 日凌晨，为 1.49 米，过程的最近一次增水 0.62 米，9711 号台风风暴增水大于 0.5 米的有 3 天多，7 个潮次，台风影响过程历时之长，乃观测记录历次台风暴潮中的首次。

2. 暴雨

（1）最大 1 小时雨强

2018 年 9 月 16 日，受台风倒槽和北方弱冷空气共同影响，上海市普降大到暴雨，崇明区出现罕见特大暴雨，空间分布极度不均，强降雨时段集中，局部强度非常大，单站最大降雨出现在崇明区草棚镇站 349.5 毫米，最大小时雨量为草棚镇站 172.5 毫米（最大 60 分钟雨量为 185.5 毫米），达 200 年一遇重现期，超过"778 暴雨"宝山塘桥站小时雨强 151.4 毫米，成为上海实测历史最大雨强。

（2）最大 24 小时雨强

1977 年 8 月 21 日，7707 号台风近海北上，由于东风波扰动上海市遭遇到百年罕见的特大暴雨。400 毫米以上雨量笼罩面积约 230 平方公里（东到吴淞，西到南翔，南到彭浦，北到罗店），暴雨中心在宝山塘桥附近，最大降雨量达 591.7 毫米，其中 12 小时降雨量达 567.6 毫米，最大 1 小时达 147.3 毫米。暴雨中心蕴藻浜和暴雨中心南侧苏州河出现全落潮流，最大流量分别为 477 立方米每秒和 198 立方米每秒。"778"暴雨造成了大范围严重积水，是上海地区历史上最严重的涝灾之一。最大 24 小时点雨量为 544.8 毫米，为上海实测最大 24 小时雨强的历史之最。500 平方公里区域最大 24 小时面雨量 433.0 毫米与"639 暴雨"最大 24 小时面雨量相当。且"778"暴雨的降雨主要集中在 12 小时内，12 小时以外降雨较少。

3. 洪水

上海黄浦江水系受上游洪水影响，主要表现为流域性洪水下泄和杭嘉湖区、阳澄淀泖区区域涝水下泄。而单纯性流域洪水下泄对上海的影响有限，根据太湖流域防洪规划，流域 100 年一遇暴雨在上海形成的洪水位并不高，不同雨型计算的米市渡水位为 3.2—3.31 米（镇江吴淞高程 3.46—3.57 米），低于警戒水位，仅对排水条件差、外排能力不足、地势十分低洼的西部地区有一定的涝灾风险和压力。从上海历史水情看，对上海造成比较大范围严重影响的洪水有"99 梅雨"2013 年"菲特"和 2021 年"烟花"台风。"菲特"与"烟花"台风均为台风影响的上游区域涝水大量下泄，而"烟花"台风对上海的洪水影响更大，范围更广，因此本报告分析"99 梅雨"和 2021 年"烟花"台风两种极端水情。

（1）"99 梅雨"

1999 年 6 月 7 日上海地区入梅，7 月 20 日出梅，梅雨期 43 天，比常年梅雨期长 22 天。据统计，太湖流域平均梅雨量高达 672 毫米。由于梅雨量大，致使太湖水位和流域内河网水位迅速抬高。太湖流域在此次梅雨期间，通过太浦河向黄浦江下泄水量大。再加上黄浦江上游杭嘉湖、苏州地区洪水下泄水量，黄浦江干流水量明显增加。据实测数据，通过黄浦江上游松浦大桥断面平均净泄洪量为 976 立方米每秒（合净泄水量 37.1 亿立方米，其中客水占 77%），为常年的 3 倍，比正常年份增加下泄水量 25.6 亿立方米。测地最大日平均泄流量为 1920 立方米每秒（7 月 1 日）。太湖下泄洪水增大了黄浦江河道内的水量，对其沿线的水位的抬升具有重要影响。7 月 3 日米市渡最高潮位雨洪增水达 1.02 米，对应黄浦公园站为 0.62 米，吴淞站也有 0.36 米的增水。

7 月 8 日，太湖出现 1999 年梅雨期内的最高水位，高达 5.07 米，超历史纪录 0.28 米，超警戒水位 1.57 米，且连续 18 天水位超历史水位。由于黄浦江上游杭嘉湖、苏州地区洪水下泄，加上大潮汛顶托和上海本地连续下雨影响，上海市西部黄浦江上游米市渡站以上各站最高潮位，均连续突破原历史纪录，超历史纪录幅度为 0.01—0.43 米，超历史纪录水位时间最长为金泽站长达 20 天，实测最高水位为 4.09 米，其余站一般为 7—8 天。米市渡站实测最高水位 4.12 米，为 1916 年设站纪录以来第 2 位高水位。青松大控制内青浦南门站最高水位达 3.77 米，比原历史纪录抬高了 21 厘米，且连续 5 天突破该纪录，造成青松大控制内出现 1954 年以来最大内涝灾害，尤其是青浦大盈、重固等地区最为严重。市区杨树浦港、虹口港、彭越浦、北新泾港等内河出现了较高水位，部分内河两岸堤防出现漫溢，使一些沿河地区受淹。

（2）2021年"烟花"台风

台风降雨持续时间长、累积雨量大，平均雨量283.8毫米，持续时间105小时，笼罩范围广，西南地区雨量偏大，各行政区中最大为金山区384.6毫米，时程分布均匀，24小时降雨达特大暴雨级别。受风暴潮、天文大潮、持续降雨和上游来水影响，全市潮（水）位抬升显著。超历史测站多，超历史幅度由北向南、由下游往上游递增，58个国家基本水文测站，28站超历史最高纪录（2站平历史纪录）。超警时间长、范围广、幅度大。外河超警多达13潮次，超警幅度最高达0.99米（米市渡站），水利片持续超警最长115小时（青松片）。上游洪水大量下泄，省市边界净泄水量3.25亿立方米，黄浦江中上游高水位居高不下。

黄浦江上游地区最高潮位发生在26—27日，米市渡站最高潮位发生在7月26日3:30，最高潮位4.79米，超"菲特"台风历史纪录0.18米，最大增水达1.14米。自23日开始，共12潮次超警戒线3.80米，潮位持续较高，尤其是低潮位高，造成青松水利片排水困难。上游胥浦塘、蒋古渡站最高潮位4.41米，超历史最高0.43米。掘石港洙泾站最高潮位4.61米，超历史最高0.39米。

（三）主要风险区域研判

历史时期，上海市50年一遇15分钟最大积水深度在120毫米，100年一遇时，最大积水深度在150毫米左右，且积水较深的地区主要分布在黄浦江东岸的外环线以内区域；另外，整体上黄浦江以东以及崇明岛的积水深度大于黄浦江以西的区域。

21世纪中期时，上海市50年一遇15分钟最大积水深度在140毫米，100年一遇时最大积水深度在160毫米左右，比之历史时期都有所增加，且空间集中程度也更加密集；另外，积水深度次高等级的空间分布也发生了改变，历史时期主要分布在浦东东部，但是21世纪中期时主要在崇明岛以及黄浦江东岸沿线分布。

21世纪末期时，上海市50年一遇15分钟最大积水深度在140毫米，100年一遇时最大积水深度在160毫米左右，积水深度空间分布上更加集中，外环线以内黄浦江东岸的高等级积水区域进一步扩大，积水深度次高等级的区域分布是沿黄浦江东岸分布，但是区域进一步扩大。

从上海市动态风险分析结果来看，历史情景下，50年一遇时，高风险区域主要集中在崇明岛南部、长兴岛、横沙岛以及浦东北部，黄浦江以西大部分地区都处于低或较低等级下；100年一遇时，高风险区域扩大至崇明岛和浦东全部，另外，奉贤、嘉定、松江、金山部分地区也出现高风险区域，市区和闵行等地仍然处于较低风险等级。21世纪中期时，高风险区域与历史时期存在较大差别，50年一遇情景下，高风险区域主要分布于崇明岛及金山区西南部，100年一遇时，范围扩大至崇明三岛、浦东北部、金山及松江等地；另外，100年一遇时，黄浦江以东大部分地区处于较高风险等级，而黄浦江以西地区变化不大，仍然处于中或较低风险等级。21世纪末期时，上海市极端降水风险分布和历史时期比较相似，但是处于高风险等级的区域有所减少，尤其表现在崇明岛地区，同时，上海市处于较高风险等级的区域有所增加，另外，黄浦江以西地区风险较历史时期进一步减小，为三个时期最小。

三、上海关键基础设施面临的挑战

（一）总体概况

城市关键基础设施是关系城市安全有序运行，对国民经济社会发展具有重要支撑作用的基础设施，这些设施一旦功能丧失或遭到破坏，将对城市安全乃至国家安全造成重大影响。目前，我市关键基础设施总体呈现规模总量大、运营年限长、运行负荷重等特征。其中，水、电、燃气、交通五个主要领域的设施总量规模居国际同等规模城市前列，设施运营平均年限接近 20 年，大部分处于高负荷运行状态。

经过多年发展，上海关键基础设施建设与管理取得长足进步，但对标高质量发展和预防型转型要求的导向，城市在暴雨灾害事故风险的抗打击与恢复能力亟待进一步提升。

1. 关键设施极端风险防范能力有待提升

近年来，我市各类风险事故时有发生，一定程度上反映部分关键基础设施韧性规划统筹考虑不够、防范和抵抗极端风险能力不足等问题，如原水、输电、输气现有通道较少，规划通道冗余量欠缺，一旦发生事故，将无可替代通道；部分关键基础设施采用的建设标准未充分考虑极端灾害事故，如 2013 年 9·13 上海特大暴雨事件，部分地区降水量超过 100 毫米（我市城镇常规排水能量为每小时 36 毫米），导致全市内多个路段出现积水，交通受阻，多条地铁线供电设备故障，乘客大量积压。此外，在公共卫生救援及保障能力上，在遇到特殊公共卫生事件时，仍会引发医疗资源挤兑的情况。

2. 风险监测预警水平有待提高

目前，我市风险监测预警主要通过"一网统管"系统进行，但受人力、财力和技术等方面的限制，监测覆盖度不足，截至2020年底，上海市共有公共排水管道2.91万公里，已入库2.33万公里，仍有部分公路及开发区等区域内排水设施未被纳入监测系统；态势全面感知、趋势智能预判还不完善，特别是在公共卫生上，2022年3月以来我市对疫情的应对情况客观反映出我们对重大风险的预判不够；常态化体检评估体系尚未建立，相比于伦敦实行的风险登记簿制度仍有差距。

3. 极端情况应急救援保障体系有待健全

目前，我市已初步形成"以综合性消防救援队伍为主力、专业救援队伍为协同、社会力量为辅助"的应急救援力量体系，但在面对极端气象灾害及重大特事故时，现有应急救援力量在功能规模、覆盖区域和专业类别等分布上仍不均衡，各级各类应急救援物资储备仍缺乏细化标准，部门、区域间应急救援物资储备和调用补偿机制尚不完善，仍存在"政出多门""各管一块"等问题。

4. 韧性提升保障协调机制有待完善

目前，我市现有的基础设施建设、运营及管理基本上是由职责单位各自进行，过程存在条块分割杂、重复投入多、资源整合难、信息沟通不畅、协调力度不够、重建设轻管养等问题，仍需要在韧性提升"全灾种、大应急"和多部门、多区域、跨省市高效统筹协同机制上继续下功夫。

5. 韧性社会治理模式需要创新突破

韧性城市建设是一项需要政府、市场、社会、公众多主体共同参与的共建共治共享过程。当前上海乃至国内各地韧性城市建设的普遍现状是"政府建、民众看"，社会和市民对城市灾害事故风险防范的重要性、紧迫性认识不够，市场也缺乏主动参与韧性城市建设的内在动力。

（二）燃气系统基本情况

上海市天然气管网系统服务全市 730 万户，管网总长约 3 万公里，其中主干管网约 800 公里。

整体上看，得益于上海市天然气管网建设规划较早、超高压管道标准较高，管道埋压环境较好，整体基础设施较为完善，运行状况良好。2019 年全国"气荒"事件，上海市燃气运行未受影响，还能为长三角相关省市给予帮助。

目前，燃气系统中主干管网在市域北部还有缺陷，成环、互补、互联、互通的能力还需进一步完善。气候条件变化对燃气系统的冲击主要体现在用气量上，这对天然气应急储备提出了更高的要求。如本次上海市连续处于高温状态，用电量激增，上海市燃气每天消耗约 5000 万立方米（含电厂用气）。

市委、市政府一直高度重视燃气安全。由于 20 世纪 80 年代铺设的管道陆续进入高龄期，部分管道已超过 30 年的设计使用年限，老旧燃气立管改造工作在 6·13 十堰燃气爆炸事故前就列入了市政府实事项目。2022 年，国务院印发了《城市燃气管道等老化更新改造实施方案（2022—2025 年）》，上海市及时部署该项工作，目前对天然气管网系统本质安全影响较大的 3653 公里灰口铸铁管改造工作正有序开展。

（三）水资源及防汛防台基本情况

城市供水系统主要由"两江—水源地（水库）—主干供水管道—水厂—城区供水管网—二次供水"组成，城市排水系统主要由"雨水口—管道—调蓄（河道或人工）—污水处理厂"组成，应急水主要是应急深井，防汛防台防洪除涝主要是四道防线中的海塘、江堤、防汛墙、泵闸等设施及城市排水管网。

在给排水方面，"两江并举、多元互补"是上海市水系统发展的关键方针，目前已进一步提升到"两江并举、集中取水、水库供水、一网调度"的新格局。供水系统中，供水 74% 来源长江、26% 来源黄浦江。系统主要包含四大水源地、38 家水厂（中心城区 14 家、郊区 24 家）、4 万公里管网（中心城区 50%、郊区 50%）。其中管龄 50 年以上的已经更新改造 1240 公里，剩余老旧管网将持续滚动更新。

"十三五"期间，建成黄浦江上游（金泽）饮用水水源工程及支线工程，新增供水规模 373 万立方米 / 日。建成 8 座水厂，净增供水能力 84 万立方米 / 日。启动 17 座水厂深度处理工程，完成 2000 公里供水管网更新改造和 1.5 亿平方米住宅建筑面积的二次供水设施改造。积极推进苏州河深隧试验段工程及 39 个排水系统建设，新增市政雨水泵排水能力约 738 立方米 / 秒。完成 3520 公里城乡中小河道综合整治和截污纳管、雨污混接改造、污水管网改造等任务。完成 17 座污水处理厂新建、扩建工程，净增污水处理能力约 70 万立方米 / 日。建成 10 个污泥处理处置项目，净增设施规模 602.4 吨干基 / 日。

在灾害风险冲击方面，上海市地势总体呈现由东向西低微倾斜，市区地面高程多在 3 米至 4 米，中心区的黄浦、静安等地和长兴、横沙两岛的不少地区处在 3.0 米以下；市内地势低平，河流密布，黄浦江是太湖流域最大的排水河道。从雨量来看，上海市处在太平洋季风区，雨量丰沛，汛期降雨量占全年的 54% 以上；一旦降雨集中，容易发生内涝；每年影响上海的热带气旋平均有两个，多发生在 7、8、9 三个月；受热岛效应等因素影响，汛期上海常会出现突发性强对流天气而引发暴雨灾害。

此外，上海濒江临海，地处长江入海口、太湖流域下游，特殊的地理环境与气候特征使得上海易受灾、易成灾，历史上灾害性天气多次发生。近年来全球极端气象水文突发性灾害事件频发，上海市防汛形势也日趋严峻，一旦出现"台风、暴雨、天文高潮、洪水"四碰头的情况，将对上海市防汛应急能力提出挑战。2021 年"烟花"台风发生时，在奉贤、金山等地就出现过"风暴潮洪四碰头"，而中心城区"风暴潮三碰头"现象屡有发生。

在防汛防台、防洪除涝建设方面，"十三五"期间，四道防线稳步巩固，防御能力逐步提升。

在千里海塘方面，完成 65.4 公里公用段和 6.8 公里专用段海塘达标建设，并完成跃进水闸北侧等地区 5 公里保滩工程，目前大陆及长兴岛海塘公用岸段防御已全面达到 200 年一遇标准，其他地区基本达到 100 年一遇标准，全市主海塘达标率为 85.8%。

在千里江堤方面，全面完成大泖港上游河道防洪工程（一期）、西部地区流域泄洪通道堤防达标工程，积极协同流域机构推进太浦河后续工程前期研究，实施近 62.72 公里黄浦江、苏州河堤防改造加固工程。

在区域除涝方面，完成崇明新河港北延伸河道整治、南横引河西段、北竹港等 285 公里骨干河道整治，完成新石洞、西弥浦等 49 座外围排涝泵闸建设，推进完成郊区 107 个低洼地区圩区达标改造，更新改造排涝泵闸 200 座，水闸（涵）85 座，加高加固圩堤 20.92 公里。

在城镇排水方面，新建、改建新宛平、松潘等 28 个排水系统，实现中心城区建成区排水系统全覆盖，开展桃浦等 5 个已建排水系统提标改造，建设浦东、宝山、闵行等区 16 个外环以外的排水系统。

（四）城市交通基本情况

2022 年上海港集装箱吞吐量达到 4730 万标准箱，连续 13 年位居世界首位；洋山深水港区四期自动化码头投产，成为全球规模最大、自动化程度最高的集装箱码头。2019 年航空客货吞吐量达到 1.22 亿人次、406 万吨，分别位列全球城市第 4 位、第 3 位。机场集疏运系统不断优化，轨道交通 2 号线东延伸段贯通运营，17 号线、北翟快速路、郊环隧道等建成投用，机场联络线开工建设。

2022 年，沪苏通铁路建成通车，沪通二期、沪苏湖铁路开工建设，G346 公路改建建成通车，G320 公路改建等项目持续推进，首批省界断头路建设计划中 4 条建成通车。建成杭申线、长湖申线、赵家沟东段航道，对接苏浙的高等级航道基本建成。累计开设 28 条毗邻客运线路，完成全部 9 个省界收费站拆除。

截至 2021 年底，全市轨道交通运营里程 831 公里（含金山铁路 56.4 公里）。全市 75.3% 的轨道交通站点周边 50 米半径范围有公交线换乘。建成 S26 公路入城段、虹梅南路高架等高快速路，中心城越江通道形成"4 桥 14 隧"布局，嘉闵高架、北翟路地道等建成通车，打通 61 条区区对接（断头）路，新建、改建农村公路 106 公里，完成 1247 公里农村公路的提档升级。

（五）城市电力基本情况

"十三五"期间，上海已建成 500 千瓦双环网、5 交流 4 直流 9 个输电通道、15 个 500 千瓦分区的城市主干电网结构。电源布局由外高桥、石洞口、吴泾—闵行、漕泾、临港 5 大市内发电基地，西南水电、华东电网皖浙来电 2 大市外电源基地，若干个市内调峰、热电联产电厂与其他市外来电组成。

2022 年持续极端高温造成上海用电负荷从 2021 年 3353 万千瓦，提高到 2022 年的峰值 3807 万千瓦。煤、天然气供应能力和市外来电，全部都创造历史新高，作为我国最大经济体，上海能源优势并不明显。长期以来，市外电源供电都是上海市电力消费的主要组成结构。2017 年始，上海市市外受电量占比超五成，市外受电通道结构尤显重要。

根据国家电网上海电力公司公布数据，上海市供电可靠性近三年来持续向好。2020 年上海城市地区平均供电可靠率 99.9966%，户均停电次数 0.094 次 / 每户，同比减少 0.03 次 / 户；用户停电时间 0.301 小时 / 户，同比减少 0.184 小时 / 户，供电可靠性处于全国领先水平。

（六）通信设施基本情况

上海市各项基础电信业务普及率在全国处于领先地位。截至

2020 年，上海市 5G 用户 859.7 万户，占移动电话用户总数 20.1%，
4G 用户正加速向 5G 用户迁移；固定互联网宽带接入用户 919.0 万
户，千兆用户占比全国排名第二,千兆光网建设先发优势明显；移
动互联网流量持续高速增长，高达 31.0 亿 GB，月户均手机上网流
量 9.0 GB，均已超过新加坡和中国香港地区的水平；IPTV 用户达到
565 万户，同比增长 218.5%。

　　上海市信息通信基础设施建设和宽带接入能力保持全国领先。截
至 2020 年，全市以共建共享模式建成 31190 个 5G 基站，家庭固定
宽带普及率 112.1%，已超过新加坡、中国香港地区、中国台湾地区
的普及率水平，固定宽带用户平均接入带宽达到 217.8 Mbps，移动
宽带普及率 140.4%，实现中心城区和郊区重点区域全覆盖。

第二节　上海基础设施韧性评价

一、基础设施韧性评价相关方法与标准

（一）基础设施韧性评价方法

　　基础设施韧性评价是一种评估基础设施系统对自然灾害、技术故
障、恶意攻击等不可预测事件的适应能力的方法，旨在评价基础设施
系统面临的各种风险，并对这些风险的潜在影响进行定量或定性分
析。韧性城市追求的目标是让城市更有韧性、保障生命安全、降低财
产损失并保持可持续发展。十几年来，国内外学者和相关国际组织基
于对韧性城市的理解和展望，提出了不同的评价方法和指标体系。

常用的分析方法包括风险矩阵、事件树分析、故障树分析以及层次分析法等。Wei 等[1]采用了贝叶斯网络和结合失效模式和影响分析（FMEA）的风险矩阵方法，实现了具有多个性能指标的地铁系统韧性评估。Barría 等[2]使用风险矩阵方法来交叉洪水、滑坡、海啸和地震危险的暴露程度以及两个脆弱性维度（物理、社会经济）分析两个智利沿海城市，以表征数据贫乏地区的风险。Rosqvist 等[3]探讨了在关键基础设施的洪水防护背景下极端事件的事件树分析的作用。Adachi 和 Ellingwood[4]使用了故障树分析和最短路径算法来评估田纳西州谢尔比县（包括孟菲斯市）的电力系统和供水系统，证明了在评估网络化系统的地震脆弱性和风险时考虑基础设施相互作用的重要性，以及电力设施中备用电源系统的实用性。Lyu 等[5]使用了层次分析法方法来评估城市地铁系统的区域洪水风险水平。Lyu 等[6]提出了一种改进的梯形模糊层次分析法（FAHP）来评估与土地

［1］ Wei Y, Liang J, Deng Y, et al. Resilience Assessment of Beijing Subway Lines under Extreme Precipitation Weather［J］. Applied Sciences, 2023, 13(6), p.3964.

［2］ Barría P, Cruzat M. L, Cienfuegos R, et al. From multi-risk evaluation to resilience planning: The case of central chilean coastal cities［J］. Water, 2019, 11(3), p.572.

［3］ Rosqvist T, Molarius R, Virta H, et al. Event tree analysis for flood protection—An exploratory study in Finland［J］. Reliability Engineering & System Safety, 2013, 112, pp.1–7.

［4］ Adachi T, Ellingwood B. R. Serviceability of earthquake-damaged water systems: Effects of electrical power availability and power backup systems on system vulnerability［J］. Reliability engineering & system safety, 2008, 93(1), pp.78–88.

［5］ Lyu H. M, Sun W. J, Shen S. L, et al. Flood risk assessment in metro systems of mega-cities using a GIS-based modeling approach［J］. Science of the Total Environment, 2018, 626, pp.1012–1025.

［6］ Lyu H. M, Shen S. L, Zhou A, et al. Risk assessment of mega-city infrastructures related to land subsidence using improved trapezoidal FAHP［J］. Science of the Total Environment, 2020, p.717.

沉降相关的大城市基础设施风险。

1. 风险矩阵评价方法

风险矩阵评价方法（Risk Matrix Evaluation）它是一种常见且广泛应用的风险评价工具。风险矩阵作为一种图形化工具，能够将风险的可能性和影响程度以矩阵形式展示，便于决策者快速了解和比较不同风险的优先级。优势在于其简单易懂、直观明了的特点，使决策者能够迅速识别和理解不同风险的重要性和优先级。该评价方法通常包括以下步骤：

（1）风险识别

识别可能对基础设施系统造成风险的各种因素，包括自然灾害、技术故障、人为破坏等。这可以通过风险评价专家的知识和经验、历史数据分析、专业报告等方式进行。

（2）风险分析

对识别出的风险进行分析，评价其发生的可能性和对基础设施系统的影响程度。这可以使用定量方法（如概率分析、统计模型）和定性方法（如专家判断、经验论证）进行。

（3）风险评价

将识别出的风险按照其可能性和影响程度进行综合评价，形成风险矩阵。风险矩阵通常由横轴表示风险的可能性，纵轴表示风险的影响程度，根据可能性和影响程度的不同组合，将风险划分为不同的等级或类别。

（4）风险优先级排序

根据风险矩阵中不同等级或类别的划分，确定风险的优先级排序。这有助于确定哪些风险是最紧迫和最需要优先处理的。

（5）风险应对措施

根据风险的优先级排序，制定相应的风险应对措施。这可以包括预防措施、减轻措施、应急响应计划等，旨在降低风险的发生概率和减少其对基础设施系统的影响。

2. 事件树分析评价方法

事件树分析（Event Tree Analysis）是一种系统性的风险评价方法，用于评价和分析特定事件的可能发展路径和结果。它通过图形化表示事件发展的逻辑和概率关系，帮助决策者理解和评价事件的潜在后果。

事件树分析通常包括以下步骤：

（1）事件识别

识别可能影响基础设施系统的起始事件，如自然灾害（地震、洪水等）、技术故障、供应链中断等。

（2）事件描述

对于每个起始事件，构建事件树来描述事件的发展路径和可能的后果。树状结构中的节点表示不同的事件和决策点，分支表示事件的可能发展方向。

（3）概率分析

对于每个事件节点，评价其发生的概率。这可以基于历史数据、专家意见、统计模型等进行估计。

（4）影响分析

对于每个结果节点，评价其对基础设施系统的影响和后果。考虑人员伤亡、设施损坏、功能中断、经济损失等方面的影响。

（5）韧性评价

综合考虑概率和影响，评价基础设施系统的韧性水平。这可以包括确定关键路径、脆弱节点、潜在的系统瓶颈等，以及制定提高韧性的策略和措施。

（6）风险管理

基于事件树分析的结果和韧性评价，制定相应的风险管理措施。这可能涉及加强基础设施的抗灾能力、提升备份和恢复机制、改进预警系统、制定应急响应计划等。

3. 故障树分析评价方法

故障树分析（Fault Tree Analysis）是一种系统性的风险评价方法，用于评价基础设施系统可能发生的故障和系统失效的概率。它通过构建逻辑树来表示故障发生的可能路径，帮助识别和分析导致系统失效的关键事件和因素。

故障树分析评价基础设施系统的一般步骤：

（1）目标定义

明确评价的基础设施系统的关键目标和功能，如供电系统的连续供电、交通系统的顺畅运行等。

（2）故障识别

识别可能导致系统失效的故障事件和因素。这可以通过分析历史数据、专家意见、系统文档等来确定。

（3）事件描述

对于每个故障事件，构建故障树来描述可能导致系统失效的事件和条件。树状结构中的节点表示事件或条件，分支表示因果关系。

（4）概率分析

为每个事件或条件节点分配概率，表示其发生的概率。这可以基于历史数据、专家评价、统计分析等进行。

（5）逻辑关系分析

分析故障树中各个事件和条件之间的逻辑关系，确定可能导致系统失效的关键路径和因素。

（6）故障概率计算

通过组合逻辑关系和概率信息，计算整个故障树的顶事件（系统失效）的概率。这提供了系统失效的概率评价。

（7）风险评价

根据计算得到的顶事件概率和系统目标的重要性，评价系统的风险水平。这有助于确定关键故障和潜在风险，以制定相应的风险管理策略。

4. 层次分析评价方法

层次分析法的基本流程将解决的问题分解为若干个互不相同的组成因素，并根据各组成因素的隶属关系和关联关系的不同，把各组成因素归并为不同的层次，从而形成多层次的分析结构模型。在每一层次中，将该层次的各元素相对于上一层中的某一元素重要性进行两两比较，并将比较结果写成矩阵形式，建立判断矩阵。然后计算各判断矩阵的最大特征值及其对应的归一化的特征向量，该归一化的特征向量各元素即为该层次各元素相对于上一层次某一元素的权重。在此基础上进一步综合，求出各层次组成因素相对于总目标的组合权重，进而得出各目标的权重值或多目标决策的各可行方案的权重值。

基于层次分析法针对城市基础设施的评价可以按照以下流程实施：

（1）确定评价目标

明确评价基础韧性设施的目标和目的。这包括抗灾能力、可持续性、应急响应等方面。

（2）制定评价指标

确定用于评价基础韧性设施的关键指标。这些指标可以包括设施的强度、可靠性、适应性、恢复能力等方面。

（3）构建层次结构

建立层次结构，将评价目标、指标和子指标进行层次化排列。确保层次结构的逻辑性和一致性。

（4）确定权重

使用 AHP 方法，通过对两两比较不同层次的指标，确定它们之间的相对权重。这些比较将基于专家意见或相关数据进行。

（5）数据收集与量化

收集和整理与每个指标相关的数据。将数据进行量化，以便在评价中进行比较和分析。

（6）评价基础韧性设施

根据收集到的数据和确定的权重，对基础韧性设施进行评价。可以使用评分或打分的方法来量化评价结果。

（7）分析与决策

根据评价结果进行分析，识别潜在的问题和改进方向。基于评价结果，制定决策和优化措施，以提升基础韧性设施的韧性能力。

（8）定期更新和改进

基础韧性设施的评价是一个动态过程，随着时间和环境的变化，需要定期更新和改进评价方法和指标，以保持其有效性和适应性。

另外城市安全韧性评价方法还有脆弱性评价方法、可靠性评价方法、综合性指标类评价方法等。脆弱性评价方法旨在识别基础设施系统的弱点和易受攻击的部分。这些方法通常包括系统组成部分的漏洞分析、系统中断的潜在影响以及关键设施的易受破坏性评价。可靠性评价方法用于评价基础设施系统的可靠性和冗余性。这些方法考虑系统组件的故障概率、故障恢复时间以及备份系统的可用性等因素。

但总体上，综合性指标类评价方法是城市安全韧性评价方法的主流。综合性指标类评价方法是一种综合考虑多个指标或因素，对评价对象进行全面评价和比较的方法，其中又分 AHP（层次分析法）、TOPSIS（技术协同性评价法）和熵权法等。

该方法的优点在于易于采取和便于理解，更能结合城市的当前现实特征体现出城市运行安全韧性的主要特点。比如许兆丰等[1]从基础设施韧性、经济韧性、社会韧性、组织/制度韧性 4 个方面分析城市防灾韧性，构建城市灾害韧性评价指标体系；然后运用层次分析法计算各指标权重，应用云物元方法构建城市灾害韧性综合评价模型；最后以河北省唐山市为例验证模型的有效性，并根据评价结果提出韧性城市建设的优化建议。白立敏等[2]从经济、社会、生态、基础设施 4 个系统构建城市韧性综合测度指标体系，对我国地级以上城市韧性进行定量评估，揭示其时空分异特征，并对典型样带区进行影响因素探讨。周倩和刘德林[3]构建基于城市韧性与城镇化水平两系统的

[1] 许兆丰、田杰芳、张靖:《防灾视角下城市韧性评价体系及优化策略》,《中国安全科学学报》2019 年第 3 期。
[2] 白立敏、修春亮、冯兴华、梅大伟、魏冶:《中国城市韧性综合评估及其时空分异特征》,《世界地理研究》2019 年第 6 期。
[3] 周倩、刘德林:《长三角城市群城市韧性与城镇化水平耦合协调发展研究》,《水土保持研究》2020 年第 4 期。

综合评价指标体系，利用熵值法模型综合测度了 2007—2016 年长三角城市群的城市韧性以及城镇化水平变化趋势，并借助耦合协调度模型和空间自相关模型，分析了 26 个城市耦合协调度的时空变化特征和空间分布类型。张明斗和冯晓青[1]以长三角城市群 16 座地级及以上城市为研究对象，利用层次分析法分别测算了其 2007—2016 年间的城市韧性与经济发展水平，并基于协调度模型，着重探讨了城市韧性与经济发展水平之间的协调性。2020 年，刘硕等[2]提出了一个综合应灾能力评估指标体系，该体系从基础设施韧性、经济韧性、社会韧性、组织韧性和生态韧性 5 个层面来分析城市灾害韧性，包括 1 个目标层、5 个准则层和 15 个指标，并给出了指标的权重，利用该指标体系能有效地对某城市的综合应灾能力进行评价。朱金鹤和孙红雪[3]建立了三层指标体系，对京津冀、长三角和珠三角三大城市群的 55 个城市的韧性特征进行了评价，并结合评价结果对韧性准则和指标权重提出了城市生态、经济、社会和工程等几个方向的对策建议。这些方法都是常见的综合性指标类评价方法，它们可以帮助对城市基础设施进行全面评价和比较，提供决策支持和规划指导。具体选择哪种方法，需要根据评价目的、数据可获得性和评价对象的特点进行综合考虑。

相比于其他评价方法，指标类综合评价方法对城市韧性发展建设具备更强的政策指引性和机制创新性。

［1］ 张明斗、冯晓青：《长三角城市群内各城市的城市韧性与经济发展水平的协调性对比研究》，《城市发展研究》2019 年第 1 期。

［2］ 刘硕、王志强、王陶陶、马婷婷：《韧性视角下城市综合应灾能力评估与优化》，《防灾科技学院学报》2020 年第 2 期。

［3］ 朱金鹤、孙红雪：《中国三大城市群城市韧性时空演进与影响因素研究》，《软科学》2020 年第 2 期。

（二）基础设施韧性指标和标准

开发一个评估框架来评估城市地区韧性的程度，可以有效地将与韧性相关的问题纳入城市规划过程。[1]一些国际组织和机构制定了基础设施韧性评价的指标和标准，以帮助评价和提高基础设施系统的韧性。例如，2010 年，联合国减灾署在组织发起的"让城市更具韧性"行动中提出的"韧性城市十大准则"是构建韧性城市评价指标体系的基础框架，其主要目的是协助城市管理部门制定有关政策，抵御各类灾害。[2]在这一框架下，2013 年，洛克菲勒基金会提出了城市韧性框架指标体系（CRI），为测量城市韧性提供了一个全面、技术上可靠、全球适用的基础；[3]2019 年，国际标准化组织（ISO）发布了《城市可持续发展韧性城市指标》（ISO 37123）。该标准定义并建立了一组关于城市韧性的指标的定义和方法，旨在帮助城市衡量其韧性水平，[4]这两个韧性城市评价指标体系被国际社会广泛应用，都能比较全面地评价城市应对各种冲击和压力的水平和能力，有助于全面提升城市的韧性。美国国家标准与技术研究院（NIST）于 2014 年 2 月发布《基础设施韧性框架》（Framework for Improving Critical Infrastructure Resilience）。该框架是作为对 2013 年总统行政命令的回应而开发的，该行政命令要求制定一个跨行业的韧性框架，以加强关键基础设施的韧性能力。该框架的发布为各个行业和组织提供了指导，以评价、改

---

［1］ Sharifi A., Yamagata Y. Resilient urban planning: Major principles and criteria［J］. Energy Procedia, 2014, 61, pp.1491–1495.

［2］ Valdes H. M., "How to make cities more resilient: a handbook for local government leaders," Geneva: United Nations UNISDR, 2012.

［3］ R. Foundation, "Arup. City Resilience Index" vol.［EB/OL］, 2013.

［4］ I. O. f. Standardization, "ISO/Dis37123, Sustainable Cities and Communities Indicators for resilient cities", 2018.

进和管理其韧性，以应对各种威胁和灾害。自发布以来，该框架已成为美国关键基础设施韧性管理的重要参考和实施工具。

此外，国际标准化组织（ISO）也制定了一系列与基础设施韧性相关的标准：比如在 2014 年 7 月，ISO 22397:2014—社会安全—建立合作伙伴关系指南标准发布，该标准提供了一个框架，用于评价和增强社会组织和社会系统的韧性，包括基础设施系统。

在 2015 年 5 月，ISO/TS 37151:2015—智慧城市基础设施—绩效指标的原则和要求标准发布，该标准给出了城市基础设施绩效指标的定义、识别、优化和协调的原则和要求，并为分析提供了建议，包括城市基础设施的智能性、互操作性、协同性、弹性、安全性和安全性。城市基础设施包括但不限于能源、水、交通和信息通信技术。

在 2018 年 7 月，ISO 37120:2018—城市和社区可持续发展—城市服务和生活质量指标标准发布，该标准定义了用于衡量城市可持续发展的指标体系，包括与基础设施韧性相关的指标。

在 2018 年 11 月，ISO 22320:2018—安全与韧性—应急管理标准发布，紧急事件响应中的城市应急通信：该标准旨在提供城市应急通信的指导，包括与基础设施韧性相关的通信系统。

在 2019 年 12 月，ISO 37123:2019—城市和社区可持续发展—韧性城市指标标准发布，关于城市韧性的指标定义和建立了定义和方法，适用于任何承诺以可比和可核查的方式衡量其绩效的城市、直辖市或地方政府，不论其规模和地点。在改善城市服务和生活质量方面保持、加强和加速进展是韧性城市定义的基础，因此，该标准应与 ISO 37120—城市和社区可持续发展—城市服务和生活质量的指标一起实施。

在 2021 年 1 月，ISO 22341:2021—安全与韧性—保护性安全标准发布，该标准为城市韧性提供了指导，涵盖了多个方面，如基础设施、应急管理、风险管理等。

这些 ISO 标准旨在提供指导和最佳实践，帮助组织和社区评价和提升基础设施的韧性，应对紧急事件和灾害的挑战。这些标准可用于制定策略、规划和设计基础设施、进行风险评价和管理、改进应急响应能力等方面。

目前我国涉及城市韧性的相关标准主要是安全与韧性应急管理能力评价指南及安全韧性城市评价指南。

1. 安全与韧性应急管理能力评价指南

该标准 2021 年 5 月 21 日发布，2021 年 11 月 1 日实施，属于推荐性标准。《安全与韧性应急管理能力评价指南》是一项规范，旨在为评价组织的安全与韧性应急管理能力提供指导。该指南提供了一套评价方法和步骤，帮助组织全面了解其应急管理体系的有效性和韧性，以便提高应急响应和恢复能力。该标准采用的是指标类综合评价方法，输出方式是表格式输出。涉及指标有八个，分别为"领导力、资源管理、信息和沟通、风险管理、协调与合作、应急管理计划、演练计划及事件管理系统"，每个指标都设定为四级，分别代表了不同的层级（档次、成熟度）。

该标准给出的评价模型为：

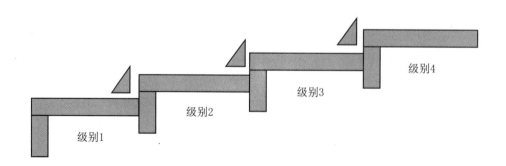

表 2-3　《安全与韧性应急管理能力评价指南》中对"领导力"的分级

级别	标　准
1 级	确定了组织的角色与责任；批准了应急管理政策，其中包括应急管理目标。
2 级	领导层了解自身组织的角色与责任并且提供恰当的资源；将应急管理目标与组织目标进行了协调，领导层批准并且支持这些目标；展示出对于持续改进的承诺。
3 级	领导层了解其他组织的角色与责任，而且开展了沟通与合作；识别了组织的优势与劣势，并且与其他组织共享改进机会；确保工作能力与个体之间的一致性。
4 级	实施了从事件、未遂事件、演练与测试中吸取教训的相关程序。领导层参与演练；领导层分配资源来支持研究、开发活动以及改进能力，以便应对目前以及今后的突发事件；组织展示出根据其所处环境进行优化的能力。

　　该标准也给出了一般的原则性评价流程。评价流程主要介绍了"规划、收集、分析、报告"，如下图所示：

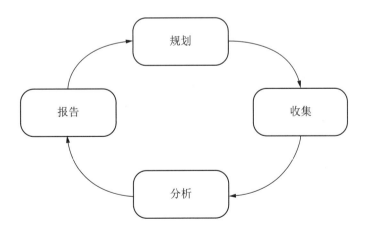

图 2-2　《安全与韧性应急管理能力评价指南》中评价流程示意图

　　最后的输出结果（整体情况）是表格形式，如下表：

表 2-4 《安全与韧性应急管理能力评价指南》中评价结果的整体输出示意

指 标	级 别			
指标 1：领导力	（1）	（2）	（3）	（4）
备注 / 参考				
指标 2：资源管理	（1）	（2）	（3）	（4）
备注 / 参考				
指标 3：信息与沟通	（1）	（2）	（3）	（4）
备注 / 参考				
指标 4：风险管理	（1）	（2）	（3）	（4）
备注 / 参考				
指标 5：协调与合作	（1）	（2）	（3）	（4）
备注 / 参考				
指标 6：应急管理计划	（1）	（2）	（3）	（4）
备注 / 参考				
指标 7：演练计划	（1）	（2）	（3）	（4）
备注 / 参考				
指标 8：事件管理系统	（1）	（2）	（3）	（4）
备注 / 参考				

总体上，该标准聚焦安全韧性应急管理能力评价给出了一般性的评价指导，普适性强，但很难体现出城市特点，在可操作性层面上也有进一步完善的空间。

2. 安全韧性城市评价指南

该标准是 2021 年 11 月 26 日发布，属于推荐性标准。该标准采用的是指标类综合评价方法，单指标采用四档打分法，综合得分按权重计算平均值。

该标准规范性较强。有指标说明、评价方法、区间设定等评价要素。具体评价时是主观判断和客观数据的结合。

该标准一级指标有 3 个，分别为"城市人员安全韧性、城市设施安全韧性、城市管理安全韧性"，三级指标一共有 71 个（其中定量指标 45 个、定性指标 26 个）。

单个指标的得分方法主要是采用 A、B、C、D 四级的打分档级实现。A、B、C、D 四档分别给出相应的取值区间。如"城市人员安全韧性"下的三级指标"残疾人口比例"的 A、B、C、D 四档分别为 0—5.8%；5.8%—6.4%；6.4%—7.0%；大于 7.0%。

具体打分时，A 档取值 90 分—100 分；B 档取值 76 分—89 分；C 档取值 60 分—75 分；D 档取值 60 分以下。

定量指标给出了解析及计算公式，如三级指标"残疾人口比例"的解析及计算公式为：

残疾人口比例：残疾人口数占城市常住人口总数百分比。

$$残疾人口比例 = \frac{城市常住人口中残疾人人口数}{城市常住人口总数} \times 100\%$$

综合得分按下式计算：

$$P = \frac{\sum_{i=1}^{N} P_i}{N}$$

式中：

P 为安全韧性城市评价得分，P_i 为所选用的第 i 项三级指标评价得分，N 为所选用的三级指标数量。

总体上，该标准操作性与规范性较强，相对而言对"韧性"的内涵和特征表现则不突出，如城市应对灾害事故或事件的防控救三个环节的特点体现得不够。但其作为韧性评价指南，对本次韧性评价有较强的借鉴意义。

二、评价方法的选取和指标体系建立

（一）评价方法的选取

结合当前的主要评价经验，针对上海基础设施韧性评价也拟采用指标类综合评价方法中的层次分析法（Analytic Hierarchy Process，AHP），层次分析法在评价韧性基础设施主要的优势在于：

1. 综合考虑多个因素

基础设施韧性评价需要考虑多个因素，如可持续性、适应性、恢复能力等。层次分析法能够将这些因素分解为层次结构，并对它们进行比较和权重分配，使决策者能够综合考虑各个因素的相对重要性。

2. 灵活性和适应性

基础设施韧性评价通常需要根据具体情境和目标进行调整和定制。层次分析法的灵活性使得可以根据不同的韧性要求和特定的基础设施系统，构建相应的层次结构和因素评估模型，以满足特定的评价需求。

3. 主观和客观因素结合

基础设施韧性评价涉及主观判断和客观数据的综合。层次分析法允许决策者将主观意见和经验知识与可用数据结合起来，通过对因素进行比较和评估，最终得出相对准确的权重和评价结果。

4. 决策透明性

层次分析法使用可视化工具，如层次结构图和判断矩阵，有助于展示评价过程和决策结果。这样，决策者和利益相关者可以更清晰地了解评价的基础和依据，增强决策的透明性和可信度。

5. 整体性视角

基础设施韧性评价需要综合考虑各个因素之间的相互关系和影

响。层次分析法能够将这些因素进行层次化组织，并通过计算各个因素之间的相对权重，提供一个整体性的视角，有助于决策者全面了解基础设施韧性的不同方面。

总体来说，层次分析法在评价基础设施韧性时能够综合考虑多个因素，灵活适应不同情境，结合主观和客观因素进行评估，提高决策的透明性，并提供整体性视角，帮助决策者更好地理解和评估基础设施的韧性水平。

其中，指标选择要尽量定量化，要考虑其易得性；指标选择要尽量确保相关性较弱，要考虑其科学性（不能过于放大或缩小结果）；指标选择要尽量体现出覆盖性，要能覆盖住水安全、电力、燃气、交通、通信、公共卫生和危化品七个领域；指标选择要尽量符合管理实际，提高评价的亲和力。

（二）上海关键基础设施韧性评价体系的建立

1. 指标选择的基本原则

关键基础设施韧性精细化水平的评价是一个极其复杂的概念，如何科学合理地建立系统评价指标体系是研究上海基础设施韧性能力的前提，依据前人已有的研究基础，本次评价的指标选取采用定性、定量结合的方法。在评价过程中需要对各项指标进行打分，因此指标选取时应考虑评价指标的数据或信息的可获取性，且有稳定、可靠的数据来源，且主要遵循科学性原则、系统性原则、动态性原则和可操作性原则。指标体系的构建要充分考虑现实情况，不能过于理论化或理想化，避免找不到相应数据和资料，使得研究无法继续。要结合实用及可操作性的原则，尽量寻找一些代表性强、可量化、易获取并且来自权威机构公布的统计数据。

2. 三级指标体系的构成

关于一级指标则分别由免疫力（灾前预防、物理抵抗及安全管理）、治愈力（灾时应急救援）及恢复力（灾后安全恢复能力）三个维度组成。

其中，城市"免疫力"可以理解为城市监测预警、随外在环境变化而形成的调节能力和基础设施的冗余性。城市"治愈力"主要指责权明晰、行之有效的响应机制，这与重点领域的应急资源保障、多层级储备体系、应急救援专业化队伍建设、社会救援协同能力高度相关；城市"恢复力"主要指灾中的救援能力和灾后安全恢复能力，确保能在较短时间达到灾前运行水平的能力，以及应急处置能力和应急救援水平，与重点领域的应急资源保障、多层级储备体系、应急救援专业化队伍建设、社会救援协同能力高度相关。

二级指标由城市电力、城市燃气、水资源及防汛、城市交通、城市公共卫生、城市危化品和通信系统七个子系统的韧性能力组成。此七类重点领域与上海城市安全运行最为紧密，且存在制约软肋，防控不力时易形成系统性风险。

三级指标用定量和定性相结合的方式，在七个基础设施领域分别选取能代表免疫力、治愈力、恢复力状况相应的共计112个指标进行评价。

指标得分依据本院以往研究成果和前期项目问卷调查、调研结果，各级指标依 AHP 权重矩阵赋权综合计算。本次韧性评价三级指标得分依据本院以往研究成果和前期项目问卷调查、调研结果，各级指标依 AHP 权重矩阵赋权综合计算。

3. 三级指标体系评价指标权重分析

利用层次分析法，根据不同层次的指标问卷调查结果得出各指标权重，下表各级别权重是依据各级权重矩阵经计算对评价目标的分解权重，其中一致性比率均小于 0.1。

表 2-5　城市基础设施免疫力三级指标体系分解表

一级指标	二级指标	三级指标
免疫力	城市电力免疫力	电力系统备用率
		安全风险管控
		隐患排查治理
		安全问题整改情况
		安全责任体系
		社会化服务体系
		科技创新应用
		协同电网内外部资源能力
	水资源和防汛防台免疫力	中心城镇雨水排水能力
		安全风险管控
		隐患排查治理
		安全问题整改情况
		安全责任体系
		社会化服务体系
		科技创新应用
		供水管网漏损率
	城市燃气免疫力	6兆帕主干管网成环率
		灰口铸铁管改造达成率
		隐患排查治理
		安全问题整改情况
		安全责任体系
		社会化服务体系
		科技创新应用
		安全风险管控

（续表）

一级指标	二级指标	三级指标
免疫力	城市道路免疫力	路桥隧安全耐久水平
		隐患排查治理
		安全问题整改情况
		安全责任体系
		社会化服务体系
		科技创新应用
		安全风险管控
		交通枢纽抗灾能力
	通信设施免疫力	5G 基站密度
		隐患排查治理
		安全问题整改情况
		安全责任体系
		社会化服务体系
		科技创新应用
		安全风险管控
		万人 5G 基站数

表 2-6　城市基础设施治愈力三级指标体系分解表

一级指标	二级指标	三级指标
治愈力	城市电力治愈力	中心城区和重点区域供电可靠性达成率
		安全发展专项规划
		法律法规标准体系
		安全发展总体规划
	水资源和防汛防台治愈力	新增河湖面积
		安全发展专项规划
		法律法规标准体系
		安全发展总体规划

（续表）

一级指标	二级指标	三级指标
治愈力	城市燃气治愈力	天然气应急储备达成率
		安全发展专项规划
		法律法规标准体系
		安全发展总体规划
	城市道路治愈力	市级应急管理单元主要疏散通道水平
		安全发展专项规划
		法律法规标准体系
		安全发展总体规划
	通信设施治愈力	灾难备份系统的管理建设水平
		安全发展专项规划
		法律法规标准体系
		安全发展总体规划

表 2-7　城市基础设施恢复力三级指标体系分解表

一级指标	二级指标	三级指标
恢复力	城市电力恢复力	应急管理体系
		应急演练
		电力需求侧响应能力
		应急救援救灾能力
	水资源和防汛防台恢复力	应急管理体系
		应急演练
		应急救援救灾能力
		上海水库调度能力
	城市燃气恢复力	应急管理体系
		应急演练
		燃气抢险达标率
		应急救援救灾能力

（续表）

一级指标	二级指标	三级指标
恢复力	城市道路恢复力	应急管理体系
		应急演练
		交通抢险达标率
		应急救援救灾能力
	通信设施恢复力	应急管理体系
		通信抢险达标率
		应急救援救灾能力
		应急演练

（三）关键基础设施韧性指标解析

1. 共性指标

五个子系统的三级共性指标依据前节关于免疫力、治愈力和恢复力定义的内涵选取，其中免疫力的三级指标按照该子系统韧性能力在安全风险管控、隐患排查治理、安全问题整改情况、安全责任体系、社会化服务体系和科技创新应用来评价。其中：

（1）安全风险管控的指标内涵

安全风险管控由不同的韧性子系统的安全风险评价结果、风控覆盖面、管控措施、预警种类、预警准确度、预警发布范围等指标综合评价结果计算得出。

1）燃气子系统安全风险管控的指标选择

燃气子系统风险管控评价指标由风险评价结果、风控覆盖面、管控措施、重要位置报警装置安装、警示标志、燃气泄漏检测仪、防爆工具、防雷防静电检测等因素综合分析得出。

风险评价结果：对燃气系统中的风险进行评价，确定潜在的危险和安全隐患。这可能包括燃气泄漏、压力异常、设备故障等方面的风险。

风控覆盖面：确定风险控制措施的范围和适用范围，确保控制措施能够覆盖到可能出现风险的各个环节和位置。

管控措施：采取相应的管控措施来降低燃气系统的风险水平。包括设备的检修和维护、操作规程的制定和执行、应急预案的制定等。

重要位置报警装置安装和警示标志：在燃气系统的重要位置安装报警装置，如燃气泄漏报警器、火灾报警器等，以及设置警示标志，提醒人们注意风险存在。

燃气泄漏检测仪、防爆工具和防雷防静电检测：使用燃气泄漏检测仪器来实时监测燃气系统中的泄漏情况，采取防爆工具和防雷防静电措施，减少因外界因素引起的安全风险。

2）水资源及防汛防台子系统安全风险管控的指标选择

水资源及防汛防台子系统风险管控评价指标由预警准确度、预警发布范围、工程防御能力（城市堤防）、排水系统能力（蓄滞洪区、雨水泵站）、防灾绿地、地下避难空间等因素综合分析得出。

预警准确度：预警准确度是指根据气象、水文等数据，及时准确地预测和发出灾害事件（如洪水、台风等）的警报。预警准确度的提高可以通过改进气象和水文监测技术、建立先进的预测模型以及有效的数据分析来实现。

预警发布范围：预警发布范围是指预警信息的覆盖范围，即信息传达到的地理区域。在水资源及防汛防台评价中，预警发布范围应根据区域的特点和风险程度来确定，确保预警信息能够覆盖到可能受到灾害影响的区域，以便及时采取防御措施和疏散人员。

工程防御能力（城市堤防）：工程防御能力是指城市堤防系统的

抗洪能力。城市堤防是用于抵御河流洪水和海洋潮汐的建筑结构，通过合理设计和建设，可以减轻洪水灾害对城市的影响。评价工程防御能力需要考虑堤防的完整性、稳定性以及抗洪水位的高度等因素。

排水系统能力（蓄滞洪区、雨水泵站）：排水系统能力是指城市排水系统在极端降雨情况下的排水能力。蓄滞洪区是指通过建设蓄水区域来暂时存储洪水，减缓洪峰流量对下游地区的影响。雨水泵站则是用于将城市中的雨水排放到河流或海洋中，保持城市排水畅通。评价排水系统能力需要考虑排水设施的容量、泵站的运行状况以及排水管网的覆盖范围等因素。

防灾绿地：防灾绿地是指通过植被覆盖和地形改造等手段，提高城市的抗洪能力和环境适应性的绿地系统。防灾绿地可以吸收雨水、减缓洪水流速，并提供生态服务和人文空间。评价防灾绿地需要考虑绿地的覆盖率、功能性。

3）城市交通子系统安全风险管控的指标选择

城市交通子系统风险管控评价指标由预警种类、预警准确度、预警发布范围、建立公交驾驶员生理、心理健康监测机制，定期开展评价等因素综合分析得出。

预警种类：预警种类指的是可能对城市交通系统产生影响的各种灾害和紧急事件的类型，如交通事故、自然灾害、交通拥堵等。对于每种预警种类，需要建立相应的预警机制和应急响应措施。

预警准确度：预警准确度是指预警系统发出的警报与实际事件的符合程度。高准确度的预警可以帮助交通管理部门及时采取应对措施，减少灾害对交通系统的影响。预警准确度的提高需要建立有效的监测和预测机制，并进行准确的数据分析和判断。

预警发布范围：预警发布范围是指预警信息的覆盖范围，即警报传达到的地理区域。在城市交通韧性子系统风险管控中，预警发布范围应覆盖到可能受到影响的交通节点、道路网络和交通枢纽等重要区域，以便及时采取交通管制和疏散措施。

建立公交驾驶员生理、心理健康监测机制：公交驾驶员在城市交通系统中扮演着重要的角色。为了确保交通系统的正常运行和乘客的安全，应建立公交驾驶员的生理和心理健康监测机制，及时发现驾驶员的健康问题和工作压力，并采取相应的管理和支持措施。

定期开展评价：定期开展评价是指对城市交通系统的风险和韧性进行定期的评价和分析。评价包括对交通设施的状况、交通流量的变化、应急响应能力的检验等方面的评价。通过定期的评价，可以及时发现问题并采取措施加以改进和优化。

4）城市电力子系统安全风险管控的指标选择

城市电力子系统风险管控评价指标由风险评价结果、风控覆盖面、管控措施、电网安全风险监视工作、设备特巡、现场安全监督和设备技术监督管理等因素综合分析得出。

风险评价结果：风险评价是对城市电力子系统中潜在风险进行定量或定性分析的过程。评价该指标时，需要考虑对电力系统中各种潜在风险进行评价，并得出相应的风险评价结果。

风控覆盖面：风控覆盖面指的是电力子系统风险管控措施的实施范围和覆盖程度。评价该指标时，需要考虑管控措施是否覆盖到电网设备、输电线路、变电站等关键领域，并确保相应的风险管控措施得到有效执行。

管控措施：管控措施是指针对电力子系统风险进行采取的预防和

控制措施。评价管控措施时，需要考虑电网设备的安全维护、应急预案的制定和执行、关键设备的监测和维修等措施。

电网安全风险监视工作：评价该指标时，需要考虑电力系统是否建立了安全风险监视机制，包括对电网设备的运行状态、负载情况和故障信息进行实时监测和分析，以及对潜在风险的预警和应对。

设备特巡：评价该指标时，需要考虑对电力设备进行定期地巡视和检查，包括设备的外观、运行状况、接地情况等，以发现和排除潜在的安全隐患。

现场安全监督：评价该指标时，需要考虑是否有现场安全监督人员对电力设施的施工、维修和运行进行实时监督，确保操作符合安全规范和标准。

设备技术监督管理：评价该指标时，需要考虑对电力设备的技术参数、质量标准和维修管理进行监督和管理，确保设备的安全性和可靠性。

5）通信设施子系统安全风险管控的指标选择

在通信设施子系统的安全风险管控中，可以选择漏洞披露与修复时间、安全事件响应时间等指标来评价和监测系统的安全风险等因素综合分析得出。

漏洞披露与修复时间：衡量通信设施子系统中发现漏洞后，漏洞被披露给相关方和修复的时间。较短的漏洞披露和修复时间可以降低系统面临攻击的风险。

安全事件响应时间：评价在发生安全事件后，系统能够快速识别、报告和响应的时间。较短的安全事件响应时间有助于减少安全事件对系统造成的影响。

安全演练覆盖率：衡量系统是否定期进行安全演练，并覆盖各种常见的安全威胁和攻击场景。较高的安全演练覆盖率可以提升系统在面对真实安全事件时的应对能力。

弱点和漏洞发现率：评价对通信设施子系统进行弱点和漏洞扫描的频率和结果。较高的弱点和漏洞发现率可以帮助及早发现并修复潜在的安全问题。

安全事件记录和报告率：评价通信设施子系统中安全事件的记录和报告率。较高的安全事件记录和报告率有助于及时掌握系统的安全状况。

安全培训和意识提升：评价对系统操作人员和相关人员进行安全培训和意识提升的覆盖率和效果。良好的安全培训和意识提升可以减少因人为因素引起的安全风险。

（2）隐患排查治理的指标内涵

韧性子系统隐患排查治理评价指标由隐患排查数量（常态化隐患排查、专项隐患排查）、隐患排查频次、隐患排查等级、隐患排查分级分类、重大隐患分布等因素综合分析得出。

日常运营中对系统、设备和过程进行定期检查，以发现和解决潜在的问题和隐患。

专项隐患排查数量：评价韧性子系统进行专项隐患排查的数量。专项隐患排查是根据特定需求或事件进行的有针对性的隐患排查，以确保系统在特定情况下的韧性和可靠性。

隐患排查频次：评价韧性子系统进行隐患排查的频率。较高的排查频次意味着更加及时地发现和解决潜在的问题和隐患，提高系统的韧性和可用性。

隐患排查等级：评价韧性子系统对隐患排查结果进行的等级划分。根据隐患的严重程度和影响范围，将隐患进行分类和优先级划分，以便有针对性地采取相应的措施。常见的等级分类包括一般隐患、较重隐患、重大隐患等。

隐患排查分类：评价根据隐患的性质和种类进行分类，以便有针对性地采取相应的治理措施。例如安全隐患、环境隐患、设备隐患、操作隐患等。

重大隐患分布：评价重大隐患在系统中的分布情况。重大隐患指可能引发重大事故或严重影响系统安全和运行的潜在风险，了解其分布情况有助于优先处理和治理。

（3）安全问题整改情况的指标内涵

韧性子系统安全问题整改情况评价指标由安全问题的判断分析、整改办法的出台情况、整改措施的执行情况等因素综合分析得出。

安全问题的判断分析：评价对韧性子系统中存在的安全问题进行判断和分析的能力。这包括对问题的识别、定性、定量分析，以及问题的原因和影响的分析，从而确保对安全问题有全面的了解和准确的判断。

整改办法的出台情况：评价针对安全问题制定整改办法的情况。这包括制定整改计划、明确整改目标和要求，确定整改责任部门和人员等，确保整改工作有明确的方向和规划。

整改措施的执行情况：评价对制定的整改办法进行执行的情况。这包括对整改措施的落实、执行进度的监督和跟踪，以及整改过程中的问题解决和协调配合情况，确保整改措施得到有效执行。

（4）安全责任体系的指标内涵

韧性子系统安全责任体系情况评价指标由安全责任体系建设、安全责任体系落实情况等因素综合分析得出。

安全责任体系建设：评价安全责任体系的建设情况。这包括确定安全责任的分工和职责，建立相关的安全管理制度和流程，明确各级管理层对安全的领导和责任，确保安全责任体系的框架和机制健全。

安全责任体系落实情况：评价安全责任体系在实际运行中的落实情况。这包括各级管理层对安全责任的重视程度、安全责任的传导和落实情况，以及安全责任人员的履职情况等，确保安全责任体系得到有效贯彻和执行。

（5）社会化服务体系的指标内涵

韧性子系统社会化服务体系情况评价指标由第三方专业技术服务、市场机制、服务覆盖范围、服务质量与效果等因素综合分析得出。

第三方专业技术服务：评价是否引入第三方专业技术服务机构或顾问，以提供专业的技术支持、培训和咨询服务。这些专业服务机构可以提供韧性子系统的设计、运维、监测等方面的专业知识和经验，从而提高社会化服务体系的质量和效果。

市场机制：评价市场机制在韧性子系统社会化服务体系中的作用。市场机制可以促使服务提供商提供具有竞争力的服务，提高服务质量和效率。例如，建立服务评价体系、合理的价格机制、市场竞争机制等，以激励和规范社会化服务体系的运行。

服务覆盖范围：评价社会化服务体系对韧性子系统的覆盖范围。这包括服务提供商的数量和分布情况，服务对象的类型和数量，以及服务内容的完整性和专业性等。综合考虑这些因素可以评价社会化服务体系对韧性子系统的全面支持程度。

服务质量与效果：评价社会化服务体系提供的服务质量和效果。这包括服务的响应速度、服务水平和客户满意度等指标。通过综合评价服务的质量和效果，可以判断社会化服务体系在提供技术支持、问题解决和协作配合等方面的绩效。

（6）科技创新应用的指标内涵

科技创新应用情况评价指标由新科技成果、产品的推广使用、淘汰落后工艺和技术情况等因素综合分析得出。

新科技成果：评价韧性子系统中应用的新科技成果的数量和质量。这包括技术研发的创新性、技术成果的先进性和实用性等。通过评价新科技成果的情况，可以了解系统是否积极采纳和应用最新的科技成果，以提高系统的安全性、可靠性和性能。

产品的推广使用：评价新科技成果在韧性子系统中的推广和使用情况。这包括新技术、新产品在系统中的应用范围、覆盖率和推广程度等。通过评价产品的推广使用情况，可以了解系统是否能够充分利用科技创新成果，提升系统的功能和性能。

淘汰落后工艺和技术情况：评价是否淘汰韧性子系统中的落后工艺和技术，包括对老旧工艺、设备和技术的更新和替代情况。通过评价淘汰落后工艺和技术的情况，可以了解系统是否积极更新和应用先进的工艺和技术，提高系统的效率和可靠性。

（7）应急体系的指标内涵

韧性子系统应急体系评价指标由应急预案、应急组织管理指挥系统、应急救援保障体系、相互支持系统（应急联动）、保障供应体系

（应急物资储备）等因素综合分析得出。

应急预案：评价应急预案的编制、完善和更新情况。这包括应急预案的全面性、针对性、可行性和有效性等方面。评价应急预案的质量和适用性，确保在紧急情况下能够迅速、有效地应对各类安全事件和灾害。

应急组织管理指挥系统：评价应急组织和管理指挥系统的建设和运行情况。这包括建立应急管理组织结构、明确应急管理职责和权限、建立应急指挥中心等。评价应急组织和管理指挥系统的能力和效能，确保在应急事件发生时能够快速、协调地作出决策和行动。

应急救援保障体系：评价应急救援保障体系的建设和运行情况。这包括建立应急救援力量、培训应急救援人员、完善救援装备和技术支持等。评价应急救援保障体系的能力和响应速度，确保能够及时、有效地进行救援行动。

相互支持系统（应急联动）：评价不同部门、组织和机构之间的应急联动和协作情况。这包括建立应急联络机制、加强信息共享和沟通协调等。评价相互支持系统的协同能力和配合程度，确保在应急事件中能够形成合力，有效应对风险和挑战。

保障供应体系（应急物资储备）：评价应急物资储备和供应体系的建设和管理情况。这包括储备应急物资、建立供应网络、保障物资质量和数量等。评价保障供应体系的能力和可靠性，确保在应急情况下能够及时提供所需的物资和支持。

（8）应急救援救灾能力的指标内涵

韧性子系统应急救援救灾能力评价指标由救援队伍情况、救援设备投入等因素综合分析得出。

救援队伍情况：评价救援队伍的组成、规模和能力。这包括救援人员的数量、专业技能和培训情况。评价救援队伍的组织结构、配备情况和应急响应能力，确保救援队伍具备应对不同类型紧急情况的能力。

救援设备投入：评价救援设备的种类、数量和状态。这包括救援装备的现有情况、投入程度和更新换代情况。评价救援设备的适用性、性能和可靠性，确保能够提供必要的救援工具和装备，支持应急救援行动。

救援技术和方法：评价救援技术和方法的先进性和适用性。这包括救援技术的研发和应用情况、救援方法的创新和改进情况。评价救援技术和方法的效果和可行性，确保能够采用最新的技术和方法，提高救援效率和安全性。

救援协作与协调：评价救援协作与协调机制的建立和运行情况。这包括与相关部门、组织和机构的协作机制、信息共享和联动配合情况。评价救援协作与协调的能力和效果，确保能够在救援行动中形成紧密的合作网络，提高救援响应和协同作战能力。

（9）应急演练的指标内涵

韧性子系统应急演练能力评价指标由救援队伍情况、救援设备投入等因素综合分析得出。

演练计划与方案：评价应急演练的计划和方案编制情况。这包括演练计划的全面性、针对性和可行性，以及方案的设计、目标和内容等。评价演练计划和方案的质量和适用性，确保演练能够真实模拟各类紧急情况，并达到预期的目标和效果。

演练组织与协调：评价应急演练的组织和协调情况。这包括演练组织机构的建立、演练任务的分工和协调，以及演练期间各参与方的配合和沟通等。评价演练组织与协调的能力和效果，确保演练能够有序进行，各方能够协同合作，共同应对紧急情况。

演练场景与模拟：评价应急演练的场景设置和模拟情况。这包括演练场地的选择和准备，演练事件的设定和模拟手段等。评价演练场景与模拟的真实性和有效性，确保演练能够真实模拟紧急情况的发生和应对过程，提高应急响应的准确性和效率。

演练评价与总结：评价应急演练的评价与总结机制。这包括演练过程中的数据记录和评价，以及演练后的总结分析和改进措施等。评价演练评价与总结的全面性和实用性，确保演练的效果能够得到客观评价，并及时采取改进措施，提高应急演练能力。

（10）安全发展总体规划的指标内涵

安全发展总体规划情况评价指标由韧性子系统的行动计划（中长期）、年度行动计划及实施情况等因素综合分析得出。

韧性子系统的行动计划（中长期）：评价韧性子系统在安全发展总体规划中制定的中长期行动计划的合理性和可行性。这包括行动计划的目标设定、策略和措施的科学性和有效性等方面。评价行动计划的完整性、系统性和协调性，确保韧性子系统在总体规划中能够明确发展方向和具体行动路径。

年度行动计划：评价韧性子系统每年制定的行动计划的质量和落实情况。这包括年度行动计划的目标、任务和措施的明确性和可操作性等方面。评价年度行动计划的有效性和执行情况，确保韧性子系统能够按照年度计划有序推进各项安全发展工作。

实施情况：评价韧性子系统实施安全发展总体规划的具体情况。

这包括实施的进展、成效和影响等方面。评价实施过程中的困难和问题，并提出解决措施，确保韧性子系统能够按照规划要求积极推进安全发展工作。

（11）安全发展专项规划的指标内涵

韧性子系统安全发展专项规划评价指标由专项规划制定情况、专项规划实施情况等因素综合分析得出。

专项规划制定情况：评价韧性子系统安全发展专项规划的制定情况。这包括规划的编制过程、参与方的广泛性和专业性，以及规划的合理性和可行性等方面。评价专项规划是否明确了安全发展的目标和措施，是否充分考虑了韧性子系统的特点和需求。

专项规划实施情况：评价韧性子系统安全发展专项规划的实施情况。这包括规划的执行进度、任务的完成情况，以及实施过程中遇到的困难和问题等。评价专项规划实施的成效和效果，是否能够有效推动韧性子系统的安全发展和管理。

（12）法律法规标准体系的指标内涵

韧性子系统法律法规评价指标由法律法规的覆盖范围、法律法规的适用性、法律法规的执行情况、法律法规的修订与更新情况等因素综合分析得出。

法律法规的覆盖范围：评价法律法规对韧性子系统的覆盖范围和适用性。这包括法律法规是否明确规定了韧性子系统相关的安全要求和规范，以及是否能够有效应对当前和未来可能出现的安全风险和挑战。

法律法规的适用性：评价法律法规对韧性子系统的适用性和可操作性。这包括法律法规是否针对韧性子系统的特点和需求，是否具备明确的实施指导和操作细则，以及是否能够支持韧性子系统的安全管理和运营。

法律法规的执行情况：评价法律法规在实际执行中的情况和效果。这包括法律法规的宣传和培训情况，以及相关部门和企事业单位对法律法规的遵守和执行情况。评价法律法规执行的效果和成效，是否能够有效推动韧性子系统的安全发展和管理。

法律法规的修订与更新情况：评价法律法规的修订和更新情况。这包括法律法规是否及时修订和更新以适应新的安全需求和挑战，是否能够跟上技术和行业的发展变化。评价法律法规修订与更新的科学性和及时性，确保法律法规与实际情况保持一致，并能够有效引导和规范韧性子系统的安全发展。

2. 个性指标

（1）燃气子系统韧性能力

1）6兆帕主干管网成环率

内涵：主干管网成环率是指天然气管网系统中主干管道形成环路的比例或程度。这个概念通常用于评价管网系统的可靠性和冗余性。

6兆帕（MPa）是一种压力单位，表示6兆帕斯卡（兆帕斯卡 = 兆帕，1兆帕 =100万帕斯卡）的简写。它是一种常见的天然气输送压力指标，适用于长距离天然气输送和主干管道系统。

该指标是上海市天然气主干管网"三大环网"结构的实现表征。6兆帕主干管网在北部成环，从C字形向O字形转变，将会极大促进上海市"多气源、城市主干管网"的天然气联供韧性，继续巩固上海天然气产供储销体系在国内领先水平的地位。

主干管网成环率的计算方式是将主干管网系统中形成闭合环路的管道长度与总管道长度进行比较，并以百分比表示。具体计算公式如下：

主干管网成环率＝（闭合环路的管道长度/总管道长度）×100%

其中，闭合环路的管道长度是指主干管网系统中形成完整环路的管道长度，总管道长度是指主干管网系统中所有管道的总长度。

较高的主干管网成环率意味着主干管网系统具有更高的完整性和连通性，能够提供更可靠和稳定的服务。成环率越高，系统在面对突发事件、故障或维修时的韧性和恢复能力也更强。

2）灰口铸铁管改造达成率

燃气灰口铸铁管改造达成率是指在燃气供应系统中，将存在安全隐患的灰口铸铁管道进行改造的比例。灰口铸铁管道是指老旧的、存在安全风险的铸铁管道，因其易于出现破裂、泄漏等问题，需要进行改造以确保供气系统的安全运行。

该指标是上海市天然气管网系统本质安全提升的表征之一。由于20世纪80年代铺设的管道陆续进入高龄期，部分管道已超过30年的设计使用年限。2022年，国务院印发了《城市燃气管道等老化更新改造实施方案（2022—2025年）》，市委市政府及时部署了该项工作，对天然气管网系统本质安全影响较大的3561公里灰口铸铁管有序开展改造工作。

燃气灰口铸铁管改造达成率的计算方式是将已完成改造的灰口铸铁管道长度与总需要改造的灰口铸铁管道长度进行比较，并以百分比表示。具体计算公式如下：

燃气灰口铸铁管改造达成率＝（已改造的灰口铸铁管道长度／
总需改造的灰口铸铁管道长度）×100%

其中，已改造的灰口铸铁管道长度是指已经进行改造的灰口铸铁管道的累计长度，总需改造的灰口铸铁管道长度是指所有需要改造的灰口铸铁管道总长度。

较高的燃气灰口铸铁管改造达成率表示改造工作进展顺利，灰口铸铁管道得到了及时改造和更新，提升了燃气供应系统的安全性和可靠性。改造达成率越高，系统中的老旧灰口铸铁管道所占比例越低，安全隐患也相应减少。

3）天然气应急储备达成率

内涵：天然气是一种重要的能源，广泛用于城市生活和工业燃料。天然气应急储备达成率是指某个国家或地区在应对突发事件或紧急情况时，能够及时调动和利用其天然气储备的能力。通常情况下，天然气储备是指在正常情况下的天然气供应和需求之间的差额。当供应紧张或需求剧增时，储备的存在可以提供稳定的能源供应，保证经济的正常运转和居民的生活需求。

2020年全国城市天然气储气能力共计133031.16万立方米，其中上海城市天然气储气能力为72900.00万立方米，占全国城市天然气储气能力的54.80%，占比最大。依据《上海市能源发展"十四五"规划》到2025年，天然气占一次能源消费比重达17%天然气储备能力达到20天。

天然气应急储备达成率是指某个国家或地区在应对突发事件或紧急情况时，能够及时调动和利用其天然气储备的能力。通常，天然气储备是指在正常情况下的天然气供应和需求之间的差额。当供应紧张或需求剧增时，储备的存在可以提供稳定天然气应急储备达成率的计算通常涉及以下几个因素：

储备容量：国家或地区的天然气储备容量是指可以储存的天然气总量，通常以标准体积或能量单位（如立方米或兆焦耳）来衡量。

储备水平：指实际储备的天然气量，即当前储备库存中的天然气总量。储备水平的计算可以基于定期的库存调查或监测。

应急需求：指在紧急情况下需要利用储备的天然气量。这是可以根据历史数据或特定情景进行估计。

天然气应急储备达成率的计算公式通常是：

$$应急储备达成率 = （储备水平 / 应急需求）\times 100\%$$

这个指标的数值越高，意味着国家或地区在应对紧急情况时有更高的能力和冗余。

4）燃气抢险达标率

内涵：燃气抢险达标率是指在应对燃气事故或紧急情况时，能够按照相关标准和要求进行抢险和应急处置的比例或程度。这个指标通常用于评价一个地区或组织在燃气安全管理和应急响应方面的能力和水平。

燃气抢险达标率的计算与如下因素相关：

抢险响应时间：评价从接到报警或发生燃气事故到抢险人员到达现场的时间。较短的响应时间通常表示抢险能力较高。

抢险人员培训水平：考察抢险人员的技能和知识水平，包括燃气事故处理、泄漏检测和防护措施等方面的培训。

抢险设备和资源准备度：评价燃气公司是否具备足够的抢险设备

和资源，如泄漏检测仪器、应急阀门、紧急切断装置等，并确保其良好维护和可用性。

应急预案完善程度：评价燃气公司或组织是否制定了完善的应急预案，其中包括燃气事故应急响应流程、通信和指挥体系、人员调度和资源调配等内容。

抢险演练效果：检查燃气公司是否进行了定期的抢险演练，评价演练的实际效果和参与人员的表现。

安全监测和检查结果：评价燃气管网和使用单位是否经常进行安全监测和检查，并及时纠正和解决发现的安全隐患。

评价燃气抢险达标率时，可以使用上述指标进行综合评价，根据具体情况给予相应的得分或等级。同时，还可以参考相关法规、行业标准以及其他类似地区或组织的经验和最佳实践，进行对比分析和评价。

（2）水资源及防汛防台子系统韧性能力

1）中心城镇雨水排水能力达3—5年一遇面积占比

内涵：中心城镇雨水排水能力达到3—5年一遇面积占比是指城市雨水排水系统的设计和能力，可以满足平均每3年至5年发生一次的极端降雨事件时，相应面积的雨水排水需求。

计算中心城镇雨水排水能力达到3—5年一遇面积占比通常需要以下步骤：

确定设计降雨量：根据当地气象资料或相关标准，确定中心城镇在3年至5年内发生一次的极端降雨事件的设计降雨量。

评价排水系统容量：评价中心城镇雨水排水系统的容量，包括雨水管道、河道、蓄滞洪区等。这可以通过对现有排水设施的调查和测算，或者进行模拟分析来确定。

计算占比：将中心城镇雨水排水系统的总容量与设计降雨量相比较。例如，如果设计降雨量为 100 毫米，而排水系统的总容量为 200 毫米，那么占比就是 100/200=0.5，即 50%。

计算中心城镇雨水排水能力达到 3—5 年一遇面积占比是一个复杂的过程，需要考虑诸多因素，如地形、排水设施的分布、土壤渗透能力等。因此，具体的计算方法和数据应该基于详细的工程设计和水文模拟，结合当地实际情况进行准确评价。

2）新增河湖面积

内涵：治愈力是指上海水安全防御四大防线被突破后，其余的韧性防御设施协助四大防线恢复城市基本运行的能力。本研究选取新增河湖面积作为韧性治愈力的评价指标，新增河湖面积增加后，可协助四大防线的短时间内蓄水和缓冲水灾安全的能力。

上海市水务局每年利用当年全要素地形图和当年一季度高分辨率航空正射影像等资料，对前年一季度至当年一季度全市陆域范围内的水体变化进行更新，并最终形成全市河道（湖泊）报告。

根据上海市水务局发布的《2021 上海市河道（湖泊）报告》，上海每年都会编制并发布河道（湖泊）报告，用于更新和记录河湖的变化情况。根据 2021 年的报告数据，与《2020 上海市河道（湖泊）报告》相比，上海河湖在 2021 年的新增河湖面积为 8.2836 平方公里。

具体来说，2021 年上海的河道总数量减少了 369 条（其中包括较小规模的村级河道的归并），但长度增加了 79.54 公里，面积增加了 7.0576 平方公里。此外，湖泊数量也增加了 9 个，面积增加了 1.2260 平方公里。

上述数据表明，尽管河道数量有所减少，但上海在 2021 年仍然有新增的河湖面积。

3）上海水库调度能力

内涵：根据各用水部门的合理需要，参照水库每年蓄水情况与预计的可能天然来水及含沙情况，有计划地合理控制水库在各个时期的蓄水和放水过程，以及控制其水位升、降过程。一般在设计水库时，要提出预计的水库调度方案，从而在以后实际运行中不断修订校正，以求符合客观实际。

上海是中国的一个大城市，拥有多个水库用于供水和调节水资源。水库调度能力通常是指水库管理部门或机构有效地调度水库储备水量以满足不同需求的能力。上海水库的调度能力可以通过以下方法进行计算：

收集水库数据：收集上海水库的相关数据，包括水库的库容、常规蓄水位、死水位、调洪水位、调洪库容、调洪过程线等信息。

确定设计洪水标准：根据当地的洪水频率分析和水资源规划要求，确定水库的设计洪水标准。这包括确定不同频率的洪水事件，如 10 年一遇、50 年一遇、100 年一遇等。

定义调度方案：根据水库的特点和洪水标准，制定水库的调度方案。这包括确定水库的不同蓄水位对应的调度目标，如供水、防洪、发电等。

水库模型建立：使用水文水资源模型或水库调度模型，根据水库数据和调度方案建立水库模型。这些模型可以基于水文数据、降雨径流关系、水库特性等进行模拟和计算。

调度能力计算：利用水库模型进行调度能力计算。在不同的设计洪水事件下，通过模拟水库的调度过程，计算水库在不同调度目标下的调度能力。

评价与优化：根据计算结果，评价水库的调度能力是否满足设计要求。如果不满足，可以考虑调整调度方案、增加水库容量或改善水库调度控制措施，以优化水库的调度能力。

（3）城市交通子系统韧性能力

1）路桥隧安全耐久水平

内涵：该指标整体反映全市路桥隧的安全情况。在进行安全耐久性计算时，需要考虑如下多个因素。

结构安全评价：评价路桥隧道的结构安全性，包括结构的稳定性、承载能力、抗震性能等方面。这可以通过结构的设计文件、材料测试数据、结构检测和评价等来进行。

耐久性评价：评价路桥隧道的耐久性，即结构在长期使用和外界环境下的耐久性能。这包括结构的耐候性、耐腐蚀性、耐久性等方面。可以考虑使用材料测试、腐蚀评价、监测数据等来评价结构的耐久性。

安全设备评价：评价路桥隧道中的安全设备，如照明系统、通风系统、消防系统等的性能和有效性。这可以通过设备的检测、维护记录、性能测试等来评价。

地质环境评价：评价路桥隧道所处的地质环境对其安全性的影响，如地质构造、地下水情况、地质灾害等。这可以通过地质勘察、地下水监测、地质灾害风险评价等来进行。

运营管理评价：评价路桥隧道的运营管理情况，包括巡检维护制度、紧急救援预案、交通管理等。可以通过运营记录、巡检报告、应急演练等来评价管理情况。

2）市级应急管理单元主要疏散通道水平

内涵：该指标反映市级应急管理单元的人员疏散与应急救援主通道情况。

2021年上海市开展了应急管理规划专项行动，规划建设了一批应急管理单元。据介绍，应急管理单元是市级行政区域内实行应急管理的基本单位，具有一定的行政区域范围和较强的疏散能力。其中，上海市将市区分为71个应急管理单元，每个单元设置1个至5个主要疏散通道，同时也考虑了机动车和行人疏散通道的布局。

市级应急管理单元的主要疏散通道水平评价通常需要考虑以下几个方面：

通道容量：评价主要疏散通道的容量，即道路的最大承载能力。这包括道路宽度、车道数量、交通流量等因素。可以通过交通调查数据、交通模型模拟和分析来评价通道容量。

通行能力：评价主要疏散通道的通行能力，即车辆在通道上行驶的效率。这包括车辆密度、车速、交通信号等因素。可以通过交通流量观测和交通仿真模型来评价通行能力。

疏散时间：评价主要疏散通道的疏散时间，即从应急事件发生到疏散完毕所需的时间。这需要考虑疏散通道的长度、交通流量、车速等因素。可以通过模拟疏散过程和考虑交通管理措施来评价疏散时间。

安全性考虑：评价主要疏散通道的安全性，包括道路状况、交通设施、交通安全措施等。需要考虑道路的平整度、标线清晰度、交通信号灯、路灯照明等因素。

网络连通性：评价主要疏散通道在整个应急管理网络中的连通性。这包括通道的起点、终点和中途的连接情况，以及与其他疏散通道的连接关系。

3）交通抢险达标率

内涵：该指标反映上海市交通应急抢险工作达到规定要求的能力。

交通抢险达标率的计算方式可能涉及多个指标和数据，具体计算方法可能由交通部门或相关机构根据实际情况确定。以下是一种常见的计算方式，供参考：

确定评价指标：首先确定用于评价抢险达标率的指标，如事故处置时间、抢险人员到达时间、抢险设备到达时间等。

数据收集：收集相关的抢险数据，包括事故发生时间、抢险人员出动时间、抢险设备出动时间、事故处理时间等。这些数据可以从抢险记录、应急管理部门或相关机构获得。

计算抢险达标率：根据收集的数据计算抢险达标率。一种计算方式是将达标的抢险事件数与总抢险事件数进行比较，计算出达标事件的比例或百分比。

$$抢险达标率 = （达标抢险事件数 / 总抢险事件数）\times 100\%$$

达标抢险事件数是指在规定的时间范围内，抢险人员和设备能够及时到达现场并完成抢险任务的事件数量。

总抢险事件数是指在同一时间范围内发生的所有抢险事件的总数。

数据分析和改进：根据抢险达标率的计算结果进行数据分析，找出存在的问题和瓶颈，并制定相应的改进措施。这可能涉及改进抢险人员的调度和配备、提升抢险设备的响应能力、加强抢险培训和演练等。

（4）城市电力子系统韧性能力

1）电力系统备用率

内涵：电力系统备用容量包括检修备用容量、事故备用容量和负荷备用容量。备用总容量根据系统可靠性分析来确定，从电源的可靠、稳定来说，备用容量越多越好，但过多会造成资源的浪费和发电成本的增加，所以电源的可靠、稳定主要靠合理的调度实现，不是靠过多的备用容量实现。一般为电力系统最高负荷的25%—30%。随着电力系统容量的逐步扩大和可靠性管理的加强，这一比例将会有所降低。

发达国家多按供用电合同供应电力。如果不能按合同供应电力，电力工业部门要赔偿用户的经济损失，故多数发达国家备用率较高，一般在30%以上。

电力系统备用率是指电力系统在正常运行情况下，可供应的备用容量与总负荷之间的比例。它是评价电力系统稳定性和可靠性的重要指标。电力系统备用率的计算方法如下：

$$备用容量 = 装机容量 - 实际负荷$$

总负荷是指电力系统在特定时间段内的实际负荷需求。

$$电力系统备用率 = （备用容量 / 总负荷）\times 100\%$$

备用容量是电力系统中未被负荷需求占用的可用容量。备用率越高，意味着系统备用容量足够，能够更好地应对突发负荷增加或设备故障等异常情况，提高系统的可靠性和稳定性。

电力系统备用率的理想值通常是根据电力系统的设计和运行要求来确定的，可以根据实际情况进行调整。一般来说，备用率的目标值应根据电力系统的规模、负荷变化、可用性要求及安全性要求等因素进行综合考虑。

需要注意的是，电力系统备用率是动态变化的，随着负荷需求的变化、设备运行状态的变化等因素而变化。

2）协同电网内外部资源能力

内涵：协同电网是指通过整合和优化电力系统内外部的资源和能力，实现电力系统的高效、可靠和可持续运行。在协同电网中，内外部资源能力的协同合作对于实现电力系统的优化和提高韧性至关重要，协同电网的关键在于资源的整合和优化利用。通过智能化的电力系统管理和控制技术，可以实现内外部资源能力的协同调度和优化配置，以提高电力系统的效率和韧性。例如，通过智能配电网管理系统，可以实现对分布式能源、储能系统和需求响应的协同调度，以最大限度地利用可再生能源和弹性负荷资源，提高电力系统的可靠性和可持续性。

内部资源能力：内部资源能力指的是电力系统内部的各种资源和能力，包括发电厂、输电网、配电网、储能系统等。这些资源能力的协同合作可以通过优化调度、灵活运行等方式，提高电力系统的效率和可靠性。例如，通过合理调度发电机组和储能系统，以适应负荷变化和电网故障，实现供需平衡和电力系统的稳定运行。

外部资源能力：外部资源能力指的是电力系统外部的资源和能

力，包括分布式能源、电动汽车、需求响应等。这些资源能力的协同利用可以通过与电力系统的互动和协调，提供灵活性和可持续性支持。例如，分布式能源可以通过与电力系统的连接和互动，提供清洁能源供应和灵活的电力调节能力，以平衡电力系统的负荷和供应。评价方法为：

$$协同资源能力 = \sum（各资源能力 \times 权重）$$

3）中心城区和重点区域供电可靠性达成率

内涵：中心城区和重点区域供电可靠性达成率是指在特定的时间段内，中心城区和重点区域实际接收到可靠供电的比例。它是评价供电系统的可靠性和稳定性的重要指标。

电力系统用户的供电可靠率指标，直接反映了供电企业对电力用户的供电能力，也反映了电力工业对国民经济电力需求的满足程度，是供电企业的规划、设计、基建、施工、设备制造、生产运行等方面的质量和管理水平综合体现。用户供电可靠率指标的统计是供电企业技术管理的基础，也是电力工业现代化管理的重要组成部分。随着社会生产发展和人民生活水平的日趋现代化，对电的依赖越来越大，供电企业对用户持续供电能力的可靠率指标与电压、周波、谐波等供电质量指标已具有同等重要的地位。实践证明，一个城市，特别是现代化的超大城市，供电的突然中断，将直接影响社会稳定。因此，提高配网供电可靠率，已成为供电企业迫在眉睫的任务。

供电可靠率达到"五个9"，也就是超过99.999%，这是世界上公认的衡量一流电网的标准。意味着平均每个电力用户全年的停电时间不超过5分钟，目前，世界上只有新加坡等少数发达国家城市达到或超过这一水平。

评价方法为：

$$供电可靠性 = 1 - [用户年平均停电时间 / 全年小时数（8760）]$$
$$\times 100\%$$

4）电力需求侧响应能力

内涵：电力需求侧响应能力是指电力系统通过技术手段，使电力用户在电力需求增加或减少的情况下，通过主动调整用电行为，对电力系统进行有效的调节，以实现电力供需平衡的能力。电力市场价格明显升高（降低）或系统安全可靠性存在风险时，电力用户根据价格或激励措施，暂时改变其用电行为，减少（增加）用电，从而促进电力供需平衡、保障电网稳定运行、抑制电价上升的短期行为。

评价电力需求侧响应能力时，需要考虑以下指标：

响应能力：指用户主动参与电力系统调节的能力，一般用响应功率来衡量。

响应时延：指用户响应电力系统调节指令所需要的时间。

响应持续时间：指用户能够维持响应状态的时间长度。

响应可靠性：指用户在响应指令时所能够达到的响应率。

响应成本：指用户参与电力系统调节所需要的成本，包括设备投入、管理成本等。

响应可控性：指用户对响应过程中电力负荷的控制能力，包括响应的方式、响应的时段等。

2021 年全国多地限电后，2023 年四川、重庆、浙江等地又遭遇电力短缺，对部分企业生产和居民用电造成一定影响。回顾 20 世纪

90 年代的电力供应紧缺，主要由于电力设施建设的滞后，通过实行计划用电强行限制用户端用电。而近两年的电力紧张则面临着更为复杂的因素，包括煤炭等大宗商品价格暴涨、极端高温天气、干旱缺雨、新能源比例增加等多重因素，国家和电力公司也采取鼓励节约用电、增加火电机组出力、加大跨区跨省余缺互济等多项措施保障电力供应。同时，通过需求侧响应实现用电的移峰填谷也是缓解电力资源紧张的重要手段。

国家发展改革委、国家能源局印发的《"十四五"现代能源体系规划》提出，到 2025 年，电力需求侧响应能力达到最大用电负荷的 3%—5%。

评价方法为：

$$电力需求侧响应能力 = 电力需求侧响应能力达到$$
$$最大用电负荷的比例数据$$

（5）通信设施子系统韧性能力

1）万人 5G 基站数

内涵：万人 5G 基站数是指每万人口所拥有的 5G 基站数量，通常作为评价一个地区 5G 网络覆盖程度和发展水平的指标之一。

《"十四五"信息通信行业发展规划》，设置了每万人拥有 5G 基站数 26 个的预期目标。千兆光纤网络实现城乡基本覆盖。数据与算力设施服务能力显著增强，融合基础设施建设实现重点突破。

计算方法如下：

$$万人 5G 基站数 = 5G 基站数 / 人口数 \times 10000$$

其中，5G 基站数是指某个地区所拥有的 5G 基站数量，人口数可以是该地区的常住人口数或者实际使用 5G 网络的人口数。

万人 5G 基站数的意义在于评价 5G 网络的覆盖程度和供给能力，较高的万人 5G 基站数意味着更多的 5G 基站被部署，可以提供更广泛和稳定的 5G 网络服务。这对于支持大规模数据传输、提供高速互联网连接和支持物联网等应用至关重要。同时，较高的万人 5G 基站数也可以促进数字经济的发展、推动智能城市建设和创新科技产业的蓬勃发展。

2）5G 基站密度

内涵：5G 基站是 5G 网络的核心设备，提供无线覆盖，实现有线通信网络与无线终端之间的无线信号传输。5G 基站密度是指在一个特定地区或范围内的单位面积或单位体积内所部署的 5G 基站数量。基站的架构、形态直接影响 5G 网络如何部署。由于频率越高，信号传播过程中的衰减也越大，5G 网络的基站密度将更高。因此，5G 基站密度越大，信号中继传播能力更强。这对于确保用户在不同地区和场景下都能获得稳定、高速的 5G 信号，实现全面的网络覆盖具有重要意义。高密度的 5G 基站布局可以提供更大的网络容量，支持更多用户同时接入和高速数据传输。这对于满足日益增长的数据需求、支持高负载应用和提供更快的网络速度至关重要。较高的 5G 基站密度可以减少网络拥塞和信号干扰，提升用户的上网体验。用户在高密度基站区域内更容易获取到稳定的 5G 信号，享受到更快的下载速度、低延迟的连接和更稳定的网络连接。5G 基站密度的提升可以为各行各业的创新和发展提供支撑。例如，物联网、智能交通、智能制造等领域对于高密度的 5G 基站布局有更高的要求，以支持大规模设备互联和实时数据传输。

评价方法为：

5G 基站密度 = 上海基站总数／上海市总面积（平方公里）

三、总结

综合考虑以上各个关键基础设施韧性的免疫力、治愈力、恢复力，上海关键基础设施韧性总体状况保持良好。

上海城市电力韧性基础设施处在中国和世界前列，供电可靠性比肩世界一流水准，2021 年用户平均停电时间最短的五个城市为上海、深圳、广州、北京、杭州。上海城市用户平均停电时间下降至 0.3 小时，位居第一，从国际区域整体来看，纽约湾区、加州湾区、东京湾区 2020 年的年平均停电时间分别是 40 分钟、104 分钟和 7 分钟。

在城市电力方面：美国电力韧性系统较为脆弱。2021 年席卷半个美国的极寒天气导致整个中部地区遭遇前所未有的大范围停电，德克萨斯州尤为严重，美国电网较为艰难满足历史性的高用电需求，而电厂——主要是燃气电厂因冰冻天气而发生故障或无法获得足够的燃料，电价暴涨，曾让数百万人无电可用。极热和极寒天气给根据 20 世纪天气条件设计的电力系统，包括电站和电网都带来了超出设计条件的压力，当该州大部分地区的温度升至接近历史最高最低点时，电力需求飙升，远远超出了应急计划所能覆盖的水平。

日本在电力韧性系统也存在脆弱性，日本水电站不多，占比低于10%，可供开发的水利资源不多，很早就触及瓶颈，核电站在 20 世纪 90 年代贡献了日本四分之一的发电量,从电源发展历史上还是从现有装机上,核电站都在日本的电源结构中占据着举足轻重的地位。但 2011 年日本福岛核电站事件一出,日本的核电业为防止第二个福岛事件发生,使 2015 年日本的用电量倒退回 1995 年的用电水平。2022 年夏,东京地区电力储备率降至 2.6%,低于保障供电稳定所需的 3% 门槛,日本政府要求企业和家庭从 7 月 1 日起至 9 月 30 日节电 3 个月左右。

上海燃气设施韧性基础设施经过多年的建设,位于国内前列水平。日本几乎没有全国性的天然气长输管道,多为区域性的管网且主要用于连接 LNG 接收站和消费区域,东京燃气公司的京滨网络(东京横滨千叶等地区)、大阪燃气公司的阪神网络(大阪神户京都等地区)等城市燃气企业、电力公司建设和经营天然气管道,将天然气供应到其拥有的特许经营区域。由于管线建设主要围绕 LNG 接收站开展,管道主要在发生突发事件(如地震时)时作为应急。2011 年日本地震发生后,日本靠近东北太平洋海岸的 LNG 终端及附属设施遭到严重破坏,天然气供应一度中断,而位于新潟与仙台之间的天然气管道作为备用供应设施发挥重要作用,确保受灾地区的能源供应。

上海在水资源防汛防台方面韧性能力相比同处于海滨的新加坡、东京等超大城市受灾较少,但韧性能力提升仍有经验可以借鉴。新加坡位于赤道附近,受热带雨林气候影响,常年多雨,但由于岛国国土面积狭小,淡水资源不足。受地理位置、气候等因素影响,日本时常面临重大自然灾害风险,如地震、台风、暴雨等。日本在长期面临巨灾威胁下,经过多年的探索、实践,建立了统一领导、协调有序的巨灾应急机制。日本政府通过《大规模灾害时消防及自卫队相互协助的协议》等一系列法律法规，建立了跨区域协作机制、消防、警察和自卫队应急救援机制，强化了中央和地方、部门与部门之间统一指挥、分工合作的力度。发生巨灾时，为提高运转效率，首相设置非常灾害对策本部，统一调度指挥。一是建立跨区域防灾救灾机制。阪神大地震前，只有18个都道府县、586个市町村签订72小时相互援助协议；阪神大地震后，已有47个道府县、2000多个市町村签订了72小时相互援助协议，日本联合防救灾形式已深入基层组织。二是基本确立消防、警察和自卫队合作机制。互相提供灾害情报。开展日常协作演习。灾区附近的警察厅和消防厅，设置专门的联络人员，协调灾区附近的机构以及灾害现场工作。自卫队承担警察部队和消防援助队空运任务，警察确保道路畅通。如警察不在现场时，自卫队、消防队员可以代替警察行使此权。

在公共交通韧性方面，上海可以参考国外先进地方的代表做法。为了应对气候变化、交通拥堵及新冠疫情等多方面的挑战，纽约市区域规划协会（RPA）发布了重构通行权报告，致力于提升街道韧性，为自然灾害应对、经济发展、运输替代方案和货物流动提供支持。报告呼吁将公共通行权作为这三个系统重新考虑，包括：自行车道和公交专用道等交通系统、支持经济发展的开放街道等社会系统以及管理供水和供热的社区花园等自然系统。基于上述重构通行权的街道，报告提出通过五个步骤提升街道韧性：（1）增设绿色基础设施以收集雨水；（2）取消街道上的免费停车，将收入用于"路权转换"；（3）添加公交专用道和快速公交车道；（4）建设"五区自行车道"；（5）将纽约市交通局重新定位为纽约市交通和公共空间管理部门。上述计划的实现有机构合作和资金等多方面支持，以帮助街道实现全方位变革。

在通信韧性能力方面，上海市各项基础电信业务普及率在全国处于领先地位。上海市 5G 占移动电话用户总数 20.1%，4G 用户正加速向 5G 用户迁移；千兆用户占比全国排名第二，千兆光网建设先发优势明显；移动互联网流量持续高速增长，高达 31.0 亿 GB，月户均手机上网流量 9.0GB，均已超过新加坡和中国香港地区的水平。

由于社会经济发展水平、自然禀赋和人口密度、运行机制和价格传导机制、基础建设标准和是否互联互通等各不相同，上海经过多年接续奋斗，已实现从还欠账到跻身先进水平的跨越式发展，关键基础设施与国外大城市比较各有特点，在安全精细化管理、应急演练、公共交通韧性和绿色低碳能源结构等值得学习借鉴。

第三章
上海韧性城市建设实践与探索

第一节 上海市松江区城市安全风险综合监测
预警建设实例

一、建设背景

城市安全风险综合监测预警平台建设是提升城市韧性能力的重要抓手。

松江区位于上海西南，是上海市高端制造业主阵地和科创中心重要承载区、上海五大新城之一，区域总面积604.64平方公里，2022年末全区常住人口195.45万人，全区地区生产总值1750.12亿元[1]。

---

[1] 上海市松江区统计局、国家统计局松江调查队：《2022年上海市松江区国民经济和社会发展统计公报》，载松江区人民政府网，https://www.songjiang.gov.cn/xwzx/001004/001004002/20230404/f9a2118d-4aba-471d-93f2-131719bcde35.html，2023年4月4日。

随着新型城镇化、新型工业化快速发展，城市规模越来越大，流动人口多、高层建筑密集、经济产业集聚等特征日渐明显，城市安全新旧风险交织叠加。

作为典型的集中心城区、城郊乡镇、多元产业于一身的超大城市郊区代表，松江区的城市安全风险具有以下四个特征：一是城市生命线辐射范围广，安全管理担子重。松江区城市生命线基础设施涉及对象量大面广，包括燃气、供水、排水、综合管廊、桥梁等多个领域。作为上海市综合管廊试点之一，松江区拥有全市长度最长、舱数最多的综合管廊，管廊总体规划建设长度为 21.7 公里；松江区城乡结合，天然气管网总长度数千公里，液化石油气安全运输压力大；供水管线数以千计，公共排水管网总长度达数千公里；松江区桥梁数量多，包括上百座市政桥梁和公路桥梁。二是工业企业数量相对较多，固有风险水平高，尤其是危化品领域。三是公共安全点多面广，安全管理难度大，涉及消防重点单位、商贸市场、学校、住宅小区、医疗机构、旅游景区、特种设备、地下空间等。四是自然灾害致灾因子多，防灾减灾难度大。洪涝灾害、森林火灾、地质灾害等为松江区典型灾害。传统应急管理模式难以及时响应、监测设备手段落后、数据不共享等问题，使得现有监测预警工作难以应对愈加复杂，充满不确定性的城市安全挑战。

二、政策要求

（一）城市安全发展背景的新要求

随着我国城市化的快速推进，人口、资源和产业等要素进一步向城市集聚，城市规模急剧扩大，城市运行系统也日渐庞杂。流动人口多，高层建筑密集，经济产业集聚等特征日渐明显，城市已成为一个复杂的社会机体和巨大的运行系统，城市安全新兴风险、传统产业风险、区域风险等积聚滋生、复杂多变、易发多发。一些城市相继发生重特大城市安全事故及次生灾害，如2021年以来的湖北十堰"6·13"重大燃气爆炸事故、河南郑州"7·20"特大暴雨灾害事故、沈阳和平区"10·21"燃气爆炸事故等造成群死群伤的情况屡屡发生，暴露出当前我国部分城市安全风险底数仍然不清、安全风险辨识水平不高、安全管理手段落后、风险化解能力有限等突出问题。城市安全发展的巨大挑战和突出的问题背景下，城市安全监测预警成为城市安全韧性建设的重要内容和基本要求。

（二）城市安全风险管控的新路径

　　城市安全风险监测预警是结合城市风险评估的成果应用，是城市风险管控的有效途径。城市安全风险综合监测预警平台包含城市生命线工程、公共安全、生产安全、自然灾害防治四大板块。其中城市生命线系统，包括城市的供水、排水、燃气、供热、电力、电信、工业及其他基础设施，八大类管线与管廊系统绵延地下数百万公里，为城市输送着物质、能量与信息，是维系城市正常运行、满足群众生产生活需要的重要基础设施。面对日益繁重的城市运行压力，交通、通信、供水、供电等城市生命线不断经历着改建、扩建和新建，基础设施种类不断增加，数量不断增多，规模不断增大。复杂生命线隐藏着的各种安全危机也逐渐凸显，比如断气、断水、断电，乃至泄漏、火灾、爆炸、坍塌、内涝等，城市生命线可能变成"夺命线"。建设城市安全监测预警体系，实时监测城市生命线生命体征的健康状况，获得各项有效数据和指标，对于保障城市运行安全、指导城市规划、提升城市韧性、支撑辅助决策和加强风险管控将起到非常关键的作用。

（三）城市安全治理政策的新趋向

党中央、国务院对城市安全工作高度重视，习近平总书记多次作出重要指示，强调要加强城市运行安全管理，增强安全风险意识，加强源头治理，防止认不清、想不到、管不到的问题发生。2018 年 1 月 7 日，中共中央办公厅、国务院办公厅专门印发《关于推进城市安全发展的意见》，从加强城市安全源头预防、健全城市安全防控机制、提升城市安全监管效能、强化城市安全保障能力等方面提出明确要求。建设城市安全风险综合监测预警中心，从人口最集中、风险最突出、管理最复杂的城市抓起，对城市安全风险实时监测预警并及时处置，对于保障人民群众的生命财产安全，具有十分重要的意义，是深入贯彻习近平总书记关于城市安全重要指示精神的重要举措，是落实中央关于推进城市安全发展意见的具体行动，也是化解城市安全风险的必然要求。

2021 年 9 月 24 日，国务院安委办在安徽合肥召开城市安全风险监测预警工作现场推进会，总结、交流和推广城市安全工作经验做法，部署推进城市安全风险监测预警工作，强调城市安全风险监测预警是城市安全治理体系和能力现代化的重要标志。并提出要坚持规划引领，分两阶段在城市生命线工程、公共安全、生产安全、自然灾害防治四个板块建设城市安全风险综合监测预警平台，其中第一阶段重点关注燃气、供水、排水、综合管廊等城市生命线工程；要具备"能监测、会预警、快处置"三个功能，确保监测预警系统为城市安全而建，为城市安全而用；要找准突出风险点，高危先建、急用先建，着力化解与群众生命安全息息相关的突出风险；要坚持探索创新，因地制宜开展监测预警工作建设试点，以点带面提升城市安全风险防范能力。

三、总体定位

城市安全风险综合监测预警平台建设是贯彻党中央推进城市安全发展有关文件精神、贯彻落实党的二十大精神的重要举措，是提升城市安全治理水平和城市韧性的有效手段，也是顺应新时代超大城市安全发展的内在需求。为了提高试点成效，攻克平台建设的疑难杂症（综合平台与专业平台的关系、数据互联互通、数据治理和双向多向赋能、资金保障和平台运行机制等）和做好城市安全发展的重点工作（监测预警平台建设工作和安全发展示范城市创建工作的关系、大安全大应急框架构建、韧性城市建设等），监测预警的建设首先要从认识层面赋予四个层次的定位，即"建智慧平台、创示范城市、筑应急体系、强城市韧性"。

（一）探索建设统分结合智慧平台的创新实践

长期以来，智慧城市建设、智慧应急平台建设等工作主要由信息化公司主导，存在需求分析不深入、功能开发不完善、平台可用性欠缺等问题。而从超大城市韧性建设的业务需求角度出发，首先要思考明确综合平台和专业平台的区别和联系，统分结合构建平台框架体系，避免简单拼凑堆积子系统，杜绝上下一般粗。从功能定位上来看，综合平台一是负责连接各子系统专业平台，打通数据烟囱，具备数据接入、清洗、使用和建模等功能，实现综合平台与各子平台之间的相互赋能；二是基于地理信息系统技术建设数字底座，形成风险一张图、应急资源一张图，共建、共享、共用；三是探索形成"人机结合"的研判机制，建立专家库和模型库，人脑和电脑两相结合，辅助开展风险监测、预警、处置；四是针对重大突发事件，尤其是市级政府协调指挥救援的事件，能够通过综合平台协调指挥各方联动处置；五是具备重大活动的安全保障综合协调功能；六是探索建立综合平台建设运行的标准规范体系；七是探索资金投入和回报机制，力争形成可复制可推广的经验。对于专业平台，一是重点负责解决各自领域内的专项问题，形成"监测、预警、处置"全闭环；二是及时向综合平台共享数据信息，便于综合平台搭建城市安全信息数据库、数字底座、辅助决策算法模型，识别城市灾害事故周期性规律、建立风险要素耦合关系等，强化数据治理能力。

（二）持续创建安全发展示范城市的核心工作

安全发展示范城市创建（"创安"）是 2018 年中办国办一号文件明确提出、2019 年国务院安委办正式出台相关政策推行、全国各地众多城市踊跃参与的一项示范创建工作，其对安全韧性城市建设有着极其重要的引领作用。2021 年，国务院安委办 48 号文明确提出把建设城市安全风险监测预警平台作为创建安全发展示范城市的前提和重要内容。因此，城市要按照"相互支撑、统筹开展、以创促建"的原则，同步开展安全发展示范城市创建工作和城市安全风险综合监测预警平台建设工作，并将监测预警平台建设工作视为"创安"工作的延伸和核心关键，在建设过程中持续跟踪、重点提升、深化开展创建评价工作，并建立相应的功能模块。以"创安"这个综合性、系统性、长期性的城市安全工作为载体，以"创安"工作各项指标为基础依据，可对城市安全工作的开展情况进行全面审视，对城市安全源头治理、风险辨识评估、安全监督管理、应急救援开展、安全科技创新、安全文化宣教等多个维度进行分析、评价，研判城市安全运行的总体态势，对监测预警平台建设工作起到良好支撑作用，进而有效提升城市安全韧性水平。

（三）逐步构筑大安全大应急框架的宝贵契机

党的二十大提出，要推进国家安全体系和能力现代化，坚持安全第一、预防为主，完善风险监测预警体系，建立大安全大应急框架，推动公共安全治理模式向事前预防转型，提升城市安全治理水平。探索建立大安全大应急框架是党的二十大提出的明确任务，是监测预警平台建设工作应承担的使命。从用好"能监测、会预警、快处置"三大功能出发，平台建设过程中，要明确两个重点关注：一是关注如何做到"以防为主"，不仅是关注微观层面的感知设备的监测预警，同时也关注宏观层面的数据分析，关注对于历史周期数据的应用和多要素关系的耦合，研判风险态势，提前做好预防性工作，努力做到"风险早预警、事件少报警"；二是关注以全生命周期风险防控理念为基础，构建城市安全工作大框架，围绕提升城市韧性将"创示范、摸底数、防风险、除隐患、控事件、强应急"与"能监测、会预警、快处置"有机结合，以综合监测预警平台引领并推动对各行业领域安全工作的反思与完善，促进提升城市本质安全水平。

（四）不断增强超大城市安全韧性的有益探索

党的二十大对新时代新阶段城市发展方向作出了重大战略部署，提出要打造宜居、韧性、智慧城市。城市安全监测预警平台建设将向"注重防范、提升韧性"的方向努力，围绕安全韧性城市建设理念，立足全生命周期、精细化风险防控要求，提升"基础设施免疫力、管理体系自愈力、应急体系恢复力"，为城市的发展活力和发展品质筑牢安全底线。其中"基础设施免疫力"重点对应"小恙事前防"，即增强城市各类基础设施、安全设施的建设、检测、监测、维护、保养、感知及防范能力，推进风险源头治理扎实落地；"管理体系自愈力"重点对应"轻疾事中控"，在遭遇各类突发事件情况下，能够明确落实各方责任，提前配备有效措施，事先建立联动机制，事中快速响应处置，抵抗干扰实现自我康复；"应急体系恢复力"重点对应"大病事后养"，确保在事件发生后，救援力量、应急物资补给充足，灾后重建空间资源及设施高效运作，城市运行较快回归正轨。

四、基本原则

围绕"建智慧平台、创示范城市、筑应急体系、强城市韧性"的总体定位，在城市安全监测预警建设中需遵循的原则包括：

（一）诊治结合，科学建设

"诊"是通过国家安全发展示范城市创建工作，厘清各方安全责任归属，通过持续性开展城市安全风险评估和自然灾害综合风险普查工作，摸清城市安全风险底数，诊断城市病灶，作为平台建设基础；"治"是围绕"能监测、会预警、快处置"的核心功能需求，科学、系统地设计平台建设方案，强调城市安全综合治理（即"科技＋管理＋文化＋工程＋保险"），给城市病灶开出"药方"。

（二）重点先行，有序建设

监测预警平台应基于城市运行中心已有资源开发建设，考虑到当前我国许多城市的城市运行中心起步相对较晚、基础相对薄弱、建设周期和经费相对紧张的实际，应以"搭好平台架构、保持扩展能力、注重统分结合、促进闭环治理"作为建设方向，力争做到"路子不偏、脚踏实地"，首先以燃气、供水、排水、综合管廊和桥梁等城市生命线专题作为抓手，用城市生命线板块先进经验逐步带动其他板块建设全要素、全流程的监测预警平台，稳步开展平台建设。

（三）充分利旧，经济建设

按照"不求所有但求所用"的总体要求，应将城市运行中心、各行业条线、重点街道（乡镇）已有的风险监测预警子系统，如住建部门条线的燃气监测、水务部门条线的供水监测、规划自然资源部门的综合管廊监测等平台进行集成开发，整合形成城市生命线综合模块，纳入监测预警体系框架，避免重复浪费和过度开发。

（四）主动创新，务实建设

以实用管用、满足需求为导向，从模式、理念、技术和机制四个方面进行创新实践。在模式创新上，积极探索业务主导的建设模式，深挖实际需求，细构建设路径；在理念创新上，对综合平台的功能定位进行了推敲思考，确保管用好用，解决实际问题；在技术创新上，将概率安全评价（PSA）技术引入监测预警领域，创新运用"三交"理论（即道路交叉口、管网交叉口、交变荷载集中部位）与监测预警实践；在机制创新上，采用平台建设和运行紧密衔接的方式，探索引入专家服务常态化机制，形成成套的建设运行规范标准，确保平台建设后，满足本城市安全实际运行需求的同时，也为其他城市输出参考经验。

五、建设思路

（一）业务主导研发需求，方案引领建平台

传统的监测预警平台往往是由信息技术公司所主导的，但由于专业领域的差异，信息技术公司往往并不能很好地理解城市安全问题的复杂性以及政府监管的严密流程，常出现系统与业务无法匹配的问题。因此，在平台开发前，通过与在城市风险领域有丰富经验和深刻认识的高校及科研院所合作，从业务专业需求的角度出发来思考谋划平台的整体架构，探究综合总平台和部门专业分平台的区别和联系，对不同行业领域的灾情特点、监测现状、管理模式、存在问题等进行专项研究，在对顶层设计、专题研究、平台架构、设备铺设、三环节联动到平台运行等业务流程进行深入研讨、多方论证、实践调整，以科学的确定平台的建设方案。

（二）体检先行析病症，有的放矢明重点

同时，为了最大化监测预警平台的效用，应将监测预警平台建设与国务院安委办持续推进的安全发展示范城市创建、城市安全风险评估、城市应急准备能力评估、自然灾害综合风险普查等工作进行有机融合，使得监测预警平台能对上述工作结果进行综合应用，促进互补。例如，在上海市城市风险评估工作试点中，通过全面深入开展风险辨识和科学合理组织风险评估，掌握城市重大风险的数量、种类、分布，把握重点行业、重点区域、重点环节、重点场所，推动实现"底数清、情况明"，为平台建设提供宝贵数据，后续的城市安全风险综合监测预警平台工作的推进就能提前聚焦重点、有的放矢。

例如，松江区在监测预警平台建设前期，以推动"底数清、情况明"为目标，通过"一查两评三创建"全面评估松江区的安全运行基础。"一查"是通过自然灾害综合风险普查，基本摸清城市致灾因子及承灾体主要灾害风险分布。"两评"是通过应急准备能力评估，基本掌握城市应急能力总体情况及重点提升路径；通过城市安全风险评估，基本辨识出城市安全监管底数和固有安全风险。"三创建"是通过安全发展示范城市创建，通过安全发展示范街镇创建，通过防灾减灾示范社区创建，系统性地诊断、明晰、提升全区、街镇、社区三个层级的城市安全发展总体水平。监测预警平台作为大应急框架的载体，全面立体纳入"一查两评三创建"的数据，可对城市各类风险进行动态监测、实时预警，也避免了各类评估、创建工作相关割裂、信息不通、工作重复等问题。

（三）三重监测重防范，四重防控保安全

为避免"唯终端论、泛感知化"等高投入、低产出现象发生，监测预警建设要探索建立"突发事件实时指标预警、概率事件周期数据预警、安全体征宏观数据预警"的微观、中观、宏观相结合的三重监测预警模式。

微观层面以子平台安装的各类传感器、摄像头等设备实时反馈的流量、压力、速度等指标为依据，依托科学的标准研判模型，判断是否达到监测技术指标阈值并自动启动报警功能，从而实现实时感知安全运行。同时，充分用好已有传感器，确保新增传感一定要对症下药。

中观层面对每日、每周、每月、每年形成的统计数据进行多层次建模分析，展示风险引发事故的演化规律，掌握孤立风险事件发生的概率，基于数据识别发生可能性较大的风险事件或风险环节，针对性地采取对应防控措施。

宏观层面侧重追踪城市安全总体形势、反映城市总体安全特征、体现超大城市安全韧性水平，以安全发展示范城市创建评价得分、风险评估值、城市综合风险指数等数据为依据，系统地判断城市安全发展态势，评估城市安全发展水平，辅助相关决策和工作开展。做到"信息化平台"和"常态化工作"的紧密衔接。

在三重监测的基础上，要以习近平总书记提出的"坚持安全第一、预防为主，推动公共安全治理模式向事前预防转型"为指导，构筑"防风险、除隐患、控事件、强应急"相结合的四重防控体系，探索城市安全体征的科学表现方式，服务于日常安全治理工作。

"防风险"重点对应城市安全风险评估工作。将风险评估形成的相关结论纳入城市风险监测预警平台中，通过"点、线、面"结合，

利用科学模型，计算形成覆盖各风险点位、行业类别、街镇区域的风险值，结果一目了然，客观反映各层面风险情况，便于对风险多发的行业或区域进行有效管控和及时整改。

"除隐患"重点对应城市隐患排查治理工作，对近三年各部门的隐患排查治理工作进行统计梳理，包含点位隐患级别、整改计划、责任人等各类信息。基于这些信息数据，利用科学模型计算形成隐患治理指数，客观反映隐患排查治理工作完成情况。同时，以此为基础，健全重大事故隐患挂牌督办治理机制，根据数据情况，筛选判断得出隐患排查整治工作不力、事故多发频发的地区，实施"开小灶"整治。

"控事件"基于 PSA 概率安全评价技术，依托专业的高校科研力量进行研究，通过确定不期望事件，综合运用事件树、故障树等方法构建风险事件链模型，对春夏秋冬四季风险分布特征和趋势进行总体研判，展示风险引发事故的演化规律和时空分布规律。聚焦风险监测预警中各类情景下的"会发生什么事件、有什么严重后果、发生概率、如何预防及如何缓解"五大问题，切实提升城市针对重点事件的防控水平。

"强应急"以安全发展示范城市创建工作中强调的应急管理能力评估工作为基础，通过各类指标数据评估城市开展预防、监测、预警、应急处置与救援的总体能力，并将应急队伍、应急物资、应急装备、避难场所等资源进行梳理和整合，在地理信息系统（GIS）地图上进行撒点、建档，为城市应急管理数字底座建设和应急指挥提供有效支撑。

（四）"灰色"视角理念，"三交"技术方法

相比于完全未知的"黑色系统"和完全已知的"白色系统"，理

在地下的城市生命线工程作为难以触及的"灰色系统"，已知的是传感测量数据、管材及建造设计，而未知的是时空效应、力学叠加效应以及管道实际演变，因此对城市生命线的灾害诊断、系统体检和监测预警不宜仅用静态、孤立的角度研究，应探索采用动态、整体和局部可知的"灰色"角度去分析解决问题，从而体现监测预警建设模式的整体性、动态性和科学性。

从统计数据来看，"三交"区域（即道路交叉口、管网交叉口、交变荷载集中部位）是生命线系统中运行安全风险易发、多发的位置，"三交"监测主要关注城市生命线工程重点部位、高风险区域运行状态，以及邻近有第三方扰动区域的运行状态。

城市生命线管线监测技术上，监测预警平台结合地方特色标准和当地管网特性，采用管道结构分析方法，以结构安全为导向，采用综合指标，得到管道结构的整体状态，精准掌握管道风险情况，形成针对"三交"区域的保护性监测、预防性监测、恢复性监测方案，强调事前潜在隐患嗅探。其中预防性监测是为了避免管网发生影响其正常运行或造成安全风险的各类事件而开展的监测，也是最常见的监测；保护性监测指为防止邻近区域施工、超载等周边活动造成管道发生损坏而开展的监测；恢复性监测则是了解替换后的管道是否符合要求而进行的综合监测。

六、建设实践

上海市松江区自 2021 年 11 月起，以国家城市安全风险综合监测预警平台建设试点为契机，以"建智慧平台、创示范城市、筑应急体系、强城市韧性"为总体思路，把城市安全风险综合监测预警平台试点建设作为推动城市安全发展、防范化解重大安全风险、提升城市韧性的重要抓手，第一阶段，初步完成对高风险重点区域内燃气、供水、排水、综合管廊、桥梁等领域城市生命线基础设施的监测预警建设，形成覆盖全面、功能完备、业务健全的城市生命线安全风险综合监测预警体系，主要包括风险监测、分析预警、联动处置三个环节。

（一）风险监测环节

就松江区城市生命线领域监测覆盖而言，燃气安全方面，接入多种数据类型，传感器总数超千个，监测数百个点位，基本覆盖包括了松江区餐饮、酒店、商务区等人员密集场所和重要用户；新增三个重点区域监测，支撑多个新建抢险屯兵点的合理选址布局，确保燃气突发事件发生后 20 分钟到场救援，远超 60 分钟的行业标准要求，建成以来推送预警百余次，多次成功预防重大事故发生；供排水方面，接入供水多种类型近百个数据和排水多个数据，基本覆盖松江区所有供水及排水企业；综合管廊接入四大类（安防、沉降、环境、入廊管线监测）数十种子类型数据，共计上千个数据，实现 100% 的管廊舱室覆盖率，走在全国前列；选取一座桥梁初步开展试点监测，接入四种类型数十个数据。

例如，在综合管廊监测建设中，松江区近年来借势"五个新城"规划建设东风，深入推进松江南站大型居住社区城市地下综合管廊项目建设。松江区管廊规划建设共计 21.7 公里，是目前上海市长度最长、舱数最多的综合管廊，而其中玉阳大道段管廊设有 7 舱，也是目前国内已投入运行的地下综合管廊中，管线种类最多、技术最新的管廊。松江区在管廊建设期即同步投入开展监测预警平台建设工作，建成以来获得综合类、安全类、质量类、BIM 类等各类奖项数十项。管廊建成以来平稳运行至今，已接入五大类、逾千套感知设备，监测范围覆盖数十个分区、上百个舱室，实现全区段监测覆盖。管廊内部划分了综合舱、电力舱、燃气舱、雨水舱、初期雨水舱和污水舱，容纳了电力、通信、燃气、给水、污水等众多管线。其中，综合管廊三维 BIM 可视化系统作为管廊平台建设的特色内容，可直观地展现管廊的实时运行状态。总体而言，松江区综合管廊控制管理平台实现了安防技防全覆盖、无盲区，通过 24 小时监测以及现场巡查，可实现对风险的实时动态管控。

（二）分析预警环节

松江区对燃气、供水、排水、综合管廊、桥梁等城市生命线领域开展专题研究，坚持探索实践，充分依托国家、地方各类标准，充分咨询行业专家意见，初步形成各领域的分析预警模型。具体如下：

1. 燃气

目前城市燃气管网主要以监测可燃气体、压力和流量为主，缺乏管网实时运行安全状态信息，尤其是邻近周边施工（打桩、深基坑开挖等）、重载车碾压以及地面沉降等引发的管网运行安全问题，其主要科学问题是缺少外界环境影响作用、周边荷载条件变化和管道结构受力状态等因素的具体信息，无法对已敷设的燃气管网运行安全状态、行为与趋势做出科学的判断与预报。同时，地下管网敷设于土体中，现有的功能性监测设备及技术，如可燃气体泄漏监测、压力流量等监测，无法实现对市政管网运行安全状态尤其是管道结构状态的全过程监控。因此，针对上述问题，项目将针对重点区域开展管道实时监测，从而提供管道环境、运行和结构实时状态数据，实现管道状态"看得见"，隐患风险预警，避免事故发生，保障燃气管网运行安全，具有重要的理论价值和工程意义。

利用物联网和浅埋式无线传感网络监测技术对燃气区域管网高风险管段开展管网管道运行状态监测、管道结构性动态监测和管道服役环境监测，实现管段环境和受力状态的实时监测、传感、物联；通过实时监测数据分析管道环境、运行状态和结构安全状态，评估管网系统运行安全风险水平，构建城市燃气管网运行安全预警与动态预测系统，实现对管网重大事故精准推送预报。从而实现燃气管网系统安全、平稳、高效运行。

2. 供水

目前城市供水管网主要以监测可供水体、压力和流量为主，缺乏管网实时运行安全状态信息，尤其是邻近周边施工（打桩、深基坑开挖等）、重载车碾压以及地面沉降等引发的管网运行安全问题，其主要科学问题是缺少外界环境影响作用、周边荷载条件变化和管道结构受力状态等因素的具体信息，无法对已敷设的供水管网运行安全状态、行为与趋势做出科学的判断与预报。同时，地下管网敷设于土体中，现有的功能性监测设备及技术，如可供水体泄漏监测、压力流量等监测，无法实现对市政管网运行安全状态尤其是管道结构状态的全过程监控。因此，针对上述问题，项目将针对重点区域开展管道实时监测，从而提供管道环境、运行和结构实时状态数据，实现管道状态"看得见"，隐患风险预警，避免事故发生，保障供水管网运行安全，具有重要的理论价值和工程意义。

利用物联网和浅埋式无线传感网络监测技术对供水区域管网高风险管段开展管网管道运行状态监测、管道结构性态监测和管道服役环境监测，实现管段环境和受力状态的实时监测、传感、物联；通过实时监测数据分析管道环境、运行状态和结构安全状态，评估管网系统运行安全风险水平，构建城市供水管网运行安全预警与动态预测系统，实现对管网重大事故精准推送预报，从而实现供水管网系统安全、平稳、高效运行。

3. 排水

目前城市排水管网主要以监测可排水体、压力和流量为主，缺乏管网实时运行安全状态信息，尤其是邻近周边施工（打桩、深基坑开挖等）、重载车碾压以及地面沉降等引发的管网运行安全问题，其主要科学问题是缺少外界环境影响作用、周边荷载条件变化和管道结构受力状态等因素的具体信息，无法对已敷设的排水管网运行安全状态、行为与趋势做出科学的判断与预报。同时，地下管网敷设于土体中，现有的功能性监测设备及技术，如可排水体泄漏监测、压力流量等监测，无法实现对市政管网运行安全状态尤其是管道结构状态的全过程监控。因此，针对上述问题，项目将针对重点区域开展管道实时监测，从而提供管道环境、运行和结构实时状态数据，实现管道状态"看得见"，隐患风险预警，避免事故发生，保障排水管网运行安全，具有重要的理论价值和工程意义。

利用物联网和浅埋式无线传感网络监测技术对排水区域管网高风险管段开展管网管道运行状态监测、管道结构性动态监测和管道服役环境监测，实现管段环境和受力状态的实时监测、传感、物联；通过实时监测数据分析管道环境、运行状态和结构安全状态，评估管网系统运行安全风险水平，构建城市排水管网运行安全预警与动态预测系统，实现对管网重大事故精准推送预报，从而实现排水管网系统安全、平稳、高效运行。

4. 综合管廊

在目前实时监测的基础上，结合管廊信息、监测点位信息和实时监测数据，根据周边防护目标、危险源、廊内环境及附属设施参数建立分层、分级预警模型，设置不同层次和级别的预警参数等相关信息，根据预警方式和报警级别的不同，提醒不同层级和单位人员关注和处置，当监测数据出现异常或超阈值情况时，可锁定报警事件发生点位，核实报警信息真实情况，如确定是有效报警则及时进行研判分析，并对异常情况和报警信息进行多维度统计分析，明确主要报警事项和事故原因，为后续强化监督管理提供依据。

5. 桥梁

在对桥梁及其环境各指标实时监测的基础上，通过风险分析研判，对不同监测指标设置报警阈值，运用大数据耦合、数据波动特征识别、关联对比等相关技术，通过专家会商和模型推演，对信息进行研判分析，明确事故灾害发生的可能性和损失程度。主要涉及以下几个功能场景分析预警：

桥梁运行趋势：主要利用桥梁长期监测数据，结合桥梁结构基本情况，预测桥梁结构受环境荷载影响的长期趋势和区域，在环境荷载剧烈变化时（暴雪、酷暑、急剧降温等），对该区域进行观察监测并保持预警状态。

桥梁结构模态：主要对桥梁竖向加速度测点进行定时自振频率分析，通过分析数据的波动范围及规律，判断结构响应合理范围，掌握桥梁动力特性，当结构模态频率值发生较大变动时，发出结构损伤预警。

超载损伤评估：利用桥上视频信息和应力、震动、形变等监测数据，结合桥梁技术状况评定分类情况，动态分析桥上超载情况，评估超载对桥梁损伤严重程度的影响，分级进行突发超载预警。

车船撞击预防：根据桥梁周围的交通情况进行预警机制，包含船只撞击预警、车辆撞击报警。避免船只、车辆撞击桥梁导致桥梁结构受损，与此同时如发生撞击，将现场第一手数据传输给监测中心以便进行快速评估。主要内容包括：通航船只高度和宽度超过桥梁的限度则进行报警，将实时情况传给数据中心；桥墩和桥面进行预警，发现船只和车辆即将撞击前对其进行语音和强光报警；发生撞击时图像采集器对船只和桥体进行拍照传输给控制中心；全天候全天时监测。

超载趋势统计：主要分析超载报警的次数、超载车辆的轴重、车辆超载的时间、超载车辆的轨迹等内容，根据实际使用荷载与设计荷载比值，对桥梁使用寿命进行预测，并及时做出研判预警。

（三）响应处置环节

1. 预警信息发布情况

平台预警划分为四个级别。Ⅳ级预警直接发送给权属单位进行快速处置，Ⅲ级预警交由行业部门牵头权属单位共同处置，Ⅱ级预警交由专班，Ⅰ级预警上报突发事件应急指挥部，联动行业部门、权属单位和事发地镇政府或街道办高效处置。

以桥梁预警信息推送为例。判定预警级别为Ⅰ级的，区政府办公室授权区城运中心立即将预警信息推送至区安委办监测预警有关成员单位、事发地街镇相关负责人，并同步报告 110 和 119 报警服务台、区应急指挥中心和区政府总值班室。判定为Ⅱ级预警的，区交通委授权区城运中心立即将预警信息推送至事发地镇政府或街道办（以下简称事发地街镇），并同步报告 110 报警服务台。判定为Ⅲ级预警的，区城运中心通过监测系统报警数据分析，立即将预警信息推送至区交通委。判定为Ⅳ级预警的，区城运中心通过监测系统报警数据分析，立即将预警信息推送至相关桥梁运维单位。

Ⅳ级和Ⅲ级预警 5 分钟内响应，30 分钟内到达现场；Ⅱ级和Ⅰ级预警即时触达响应。

Ⅳ级现场复核存在安全风险且可能进一步发展的，经相关桥梁运维单位与区交通委研判会商，报区城运中心后，由区城运中心调整预警级别为Ⅲ级。

Ⅲ级现场复核存在安全风险且可能进一步发展的，或该安全风险处于人员密集等高后果区域的，经相关桥梁运维单位与区交通委研判会商，报区城运中心后，由区城运中心调整预警级别为Ⅱ级。

Ⅱ级现场复核存在重大安全风险且可能进一步发展的，经区交通委和事发地街镇研判会商后，报区政府办公室审核同意，由区政府办公室调整预警级别为Ⅰ级。

2. 协同处置情况

基于四级预警体系，实现"横向联动、纵向贯通"，形成三大闭环，即"一般事件（Ⅲ、Ⅳ级）预警责任主体自行处置小闭环""重大事件（Ⅱ级）预警工作专班处置中闭环""突发事件（Ⅰ级）预警应急联动处置大闭环"。

以桥梁突发事件为例：

（1）一般事件预警责任主体自行处置小闭环

Ⅲ级预警启动后，区交通委立即会同相关桥梁运维单位，指令技术人员30分钟内赶到现场进行复核，判别桥梁结构安全情况；

现场复核无结构安全风险的，由相关桥梁运维单位技术人员立即将信息反馈至区城运中心，区城运中心排查分析误报警原因并上报至区交通委；

现场复核确认存在安全风险的，由相关桥梁运维单位技术人员按照《松江区处置桥梁隧道运行事故应急预案》要求处置，排查安全隐患、分析原因，并同步组织处置。

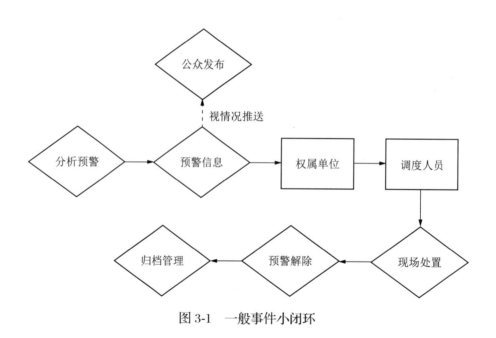

图 3-1　一般事件小闭环

（2）重大事件预警工作专班处置中闭环

事发地街镇、区交通委相关负责人到达现场指挥协调应急处置。相关桥梁运维单位按照《松江区处置桥梁隧道运行事故应急预案》要求开展桥梁检测评估、应急抢修作业，排查原因，并同步组织处置；

区城运中心及时提供桥梁结构、荷载、气象等信息，辅助桥梁管理部门开展应急抢修作业；

需破开道路抢修的，由事发地街镇和区交通委负责组织实施；需交通管制抢修的，由区公安交警部门实施交通管制，并公布绕行路线；抢修时涉及地下管线的，由事发地街镇、区交通委协调相关管线权属单位配合抢修；抢修时涉及绿化迁移的，由事发地街镇、区交通委协调区绿化市容局配合；引发舆情的，区交通委报请区委网信办和区政府新闻办应对与处置。

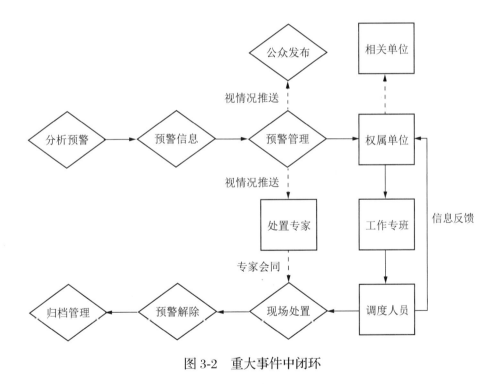

图 3-2　重大事件中闭环

（3）突发事件预警应急联动处置大闭环

事发地街镇组织疏散风险区域人员，发布警示信息；

区公安分局根据需要划定警戒区域，维护现场治安秩序及道路交

通秩序;

区城运中心及时提供桥梁结构、荷载、气象等监测信息,辅助桥梁管理部门开展应急抢修作业;

桥梁管理部门按照应急预案要求进行现场处置,并同步向区政府办公室反馈处置排查结果;

区消防救援支队、区卫健委等部门做好消防救援、医疗急救、人员搜寻等准备工作;

区委网信办和区政府新闻办组织协调信息发布和舆情引导工作。

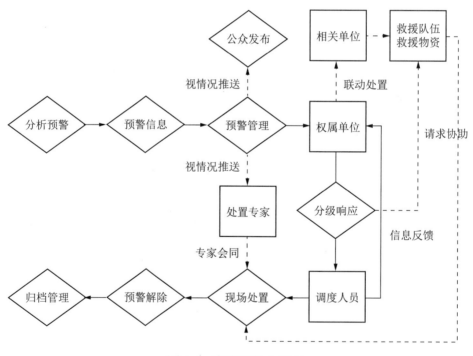

图 3-3　突发事件大闭环

3. 专家会同机制

平台引入国内顶尖高校、科研机构、企业等各方面高层次专家,建设完备的专家信息库,当预警启动时,根据等级和事项智能匹配专家，进行事件态势研判指导，人机结合确定科学合理的处置方案。

七、提升策略

当前，城市安全监测预警平台建设已取得一定成效，特别是在燃气、供排水等城市生命线工程领域，为提升超大城市的基础设施韧性发挥关键作用。与此同时，面对当前监测预警建设过程中的一些挑战和问题，仍有许多环节和领域需要进一步提升，其中的主要提升策略包括：

（一）结合风险评估拓展监测预警范围

有序深入开展城市关键基础设施安全风险评估、加强灾害风险普查等数据利用，进一步明确监测预警建设内容，在重点风险领域试点建设基础上，拓展至电力、通信、交通等专题领域，提高平台在功能上的完整度，加强对城市生命线工程物联感知、系统平台的运行风险评估和监控。

（二）进一步加强整体规划和重点聚焦

清晰和完善监测预警平台的整体架构，立足平台功能实现，制定完善城市基础设施韧性建设规划，处理好总分平台边界划分和联动互通，对分平台数据汇聚、联动机制等进行强化，尽快实现分平台高效运行，完成总平台从能用到好用的过渡。围绕平台建设核心目标，理清城市大脑等信息化基础与城市安全风险监测预警、城市韧性建设的动态辩证关系。加强聚焦，关注燃气事故等常见场景，一方面完善更新原有的燃气公司、供水公司等运行管理平台系统，另一方面服务城市安全发展新的目标和动态需求。

（三）持续深化数据应用、共享和治理

围绕城市生命线重点内容，加强风险感知设备的统筹建设，平衡好感知设备质和量的关系，扩大数据接入范围。借鉴先进经验、借助上级力量，协调垂直管理、系统独立的行业数据，破除"壁垒"，完善数据脱敏共享机制，补齐主要数据内容，进一步整合共享和优化利用各部门、行业单位监测预警数据。在数据互通共享的基础上，加大数据治理和数据标准建设的力度，提升数据专班能力，保障平台数据效能的发挥。加强挖掘监测预警数据背后所反映的问题和管理短板，实现城市安全风险研判能力提升。通过平台数据分析、研判及应用，形成数据闭环反馈，反哺各行业和各领域安全韧性建设，为科学指导城市大安全、大应急工作奠定基础。

（四）基于分析研判强化事前预警能力

在对城市实时监测数据和报警信息进行综合展示和统计分析的基础上，针对当前燃气、消防等数据量大、误报率高、应急处置要求较高的难点问题，完善平台数据的初级专业处置、平台受理后智能处置、人工处置的标准及程序、运用管理机制等。利用专家智库、算法模型、灾害链耦合分析等着力实现从报警到预警的功能转变。同时，站在提升城市安全韧性的统一角度来考虑风险预警，建立标准统一分级预警体系，确保同一事件预警等级上下一致，避免出现预警处置漏洞。

（五）优先重点领域打通联动处置体系

　　尽快推进重点领域应用、寻求重点突破，在一些跨部门、跨层级、跨区域的联动处置重点、难点问题上，选择相对容易的突破口，打通各个环节，以点带面，带动各个模块、各个层次的平台全功能实现，进一步提升平台协同应对风险、辅助指挥决策、反向赋能各行业部门的能力。联动处置要充分结合应急预案，通过信息化的平台，促进应急预案的作用发挥，有效提高处置时效、优化联动机制。

（六）探索多元主体共建平台运行模式

　　探索创新监测预警建设运营模式，探索引入市场化运营、多元主体共建共管，建立政企协作、专技支撑等机制，通过技术交流等方式利用全行业技术优势资源，通过聘请、合作等方式向保障人力资源，利用社会资本加强资金保障以实现高效、共享的运行目标，带动安全产业发展。

第二节　上海水安全韧性能力建设探索与实践

一、供水安全

（一）供水安全面临的挑战

　　上海市人口众多的超大型城市，供水安全是上海城市安全韧性的重要一环。经过多年的建设，上海基本形成了"两江并举、多源互补"的水库型水源地格局，在供水风险较高的阶段，有能力开展青草沙、陈行、金泽三大原水系统的联合调度，发挥长江水源和黄浦江水源的相互支援功能。即便如此，上海仍面临水源地水质富营养化、咸潮影响供水稳定的风险。2022 年，长江流域发生了 1961 年有完整记录以来最严重的流域干旱，同时叠加"梅花"等台风的影响，在上海近海区域形成偏北大风并携卷海水涌入长江口，致使上海遭遇了史上最大咸潮，为上海的供水安全敲响了警钟。

在水体富营养化防治方面，青草沙水库采取的水利调度为主加生物操控（鱼类控藻）等技术措施在藻类防治方面取得了较好的成果，建库多年来保障了水库的安全供水，但水库富营养化问题一直以来都是供水部门的重要的工作内容，且持续面临一定的防控风险。

（二）加强基础设施建设，完善应急预案保障供水安全

针对富营养化控制及避免咸潮问题，进一步巩固上海的供水安全，上海应加快推进水系连通联调工程建设，目前《青草沙—陈行连通管工程专项规划》已完成公示，此项工程将使青草沙水库与陈行原水系统、黄浦江上游原水系统互联互通，实现本市水源地间互济互补，进一步保障原水系统安全。

市供水主管部门指导各区规划建设区域应急饮用水战略储备点，对现有地下深水井进行更新增补。探索将现有深水井纳入应急供水体系中，或是在靠近水厂或取水口附近，采用地下井群作应急储备用水源，利用现有管道处理后由水厂内供水泵组直接进入市政给水管网。针对青草沙、陈行、金泽水库进一步开展富营养化防治策略研究，从健全水库面源污染控制、入库原水水质控制、水库生态系统健全等角度提高水体的自净能力，保障供水水质安全。

结合上海实际，建立完善具有前瞻性、可预见性、可操作性和有效性的城市供水应急预案，出现水危机时能够在最短时间内投入实施并取得效果。包括但不限于：特别枯旱期水源发生枯竭，供水设施及管网遭到破坏造成大面积停水，发生交通运输事故造成主要水源与供水系统出现重大污染，供水厂出水出现严重异臭、异味或毒理性、放射性、微生物指标严重超标，化工厂、危险物品仓储设施发生违规排放或事故造成水源污染，供水系统人员与设施安全受到严重威胁以及其他应该编制与建立的应急预案。

二、水灾害防御安全

（一）水灾害面临的挑战

上海位于太平洋季风区，属于亚热带季风气候，由于处在冷暖气候过渡带、中纬度过渡带和海陆过渡带，受冷暖空气的交替作用十分明显，天气情况比较复杂，灾害性天气时有发生，尤其是在汛期，几乎每年都有不同程度的台风、暴雨、天文高潮、洪水等自然灾害的袭击。上海濒江临海，地处长江入海口和太湖流域最下游，特殊的地理环境与气候特征，使得上海易受灾、易成灾。市委市政府历来重视防汛防台工作，从20世纪70年代起，经过多年建设，已基本形成"千里海塘、千里江堤、区域除涝、城镇排水"四道防线，通过扎实有力的防御指挥体系，在面对风、暴、潮、洪单一灾害发生，以及"二碰头""三碰头"等复合灾害的现象时发挥了巨大的作用，成功抵御了2016年和2020年太湖流域超标准洪水、2017年9·25大暴雨、2018年多个历史罕见台风和2019年"利奇马"台风以及2021年创造历史水位的"烟花"台风等重大自然灾害，确保了人民群众生命财产安全和上海城市平稳有序运行。

然而，近年来随着上海城市化进程加快、全球气候变化加剧，城市下垫面发生较大变化，上海的城市热岛、雨岛效应显著，受其影响上海降水特性也发生新的变化，如暴雨场次多、强度大，降水总量呈上升趋势等特点。同时，由于受海平面上升、地面沉降、工情和水情变化等直接因素影响，黄浦江高潮位呈不断抬升的趋势，黄浦江干流上游及其主要支流水位不断突破历史记录，近 2 年，苏州河上游历史最高水位持续刷新。随着"二碰头""三碰头"频次越来越高，上海市的防汛防台工作迎来了前所未有的压力。

党的十八大以来，以习近平同志为核心的党中央把防灾减灾救灾工作摆在更加突出的位置。2022 年，习近平总书记在全面做好安全生产和防汛抗旱工作中提出"必须增强防灾备灾意识，坚持统筹发展和安全，坚持预防预备和应急处突相结合，大力加强防灾备灾体系和能力建设，舍得花钱，舍得下功夫，宁肯十防九空，有些领域要做好应对百年一遇灾害的准备"的要求，根据《上海市城市总体规划（2017—2035 年）》，安全韧性城市建设将成为上海更主动地参与国际竞争，更积极地应对国际国内发展环境的重要保障，全市的防汛防御格局、防治标准、对策措施等急需适应和匹配新形势下的需求。因此，面对我国对安全工作的新要求和上海城市安全的新形势，以"四碰头"为代表的极端水灾风险发生时如何科学应对，急需深入的研究，以做好充分的准备，确保满足新形势下的城市安全需要。

（二）上海市极端水灾害情况

1. 上海"三碰头"的灾害情况

历年来上海市出现风、暴、潮、洪四者出现"三碰头"的概率较高，较多的是风、暴、潮"三碰头"，也有暴、潮、洪的"三碰头"，如 1999 年梅雨期出现了洪水、暴雨、天文高潮"三碰头"。

历史上风、暴、潮"三碰头"：1997 年 11 号台风，2000 年"派比安"和"桑美"台风，2005 年"麦莎"台风，2012 年"海葵"台风和"苏拉""达维"双台风影响，2015 年"杜鹃"台风，2018 年"摩羯"和"海鸥"台风，2019 年"米娜"台风等。

2. 上海"四碰头"的灾害情况

通过查阅相关气象资料，从 2010 年至今，上海市大风（台风）、暴雨、天文高潮、区域性洪水（汛）"四碰头"的气象近十年发生过两次。

第一次 2013 年的"菲特"台风影响期间，这是上海防汛历史首次遭遇风、暴、潮、洪"四碰头"，"菲特"台风在福建福鼎登陆（强台风级），10 月 7—8 日上海出现了台风、暴雨、天文高潮和上游洪水"四碰头"的严峻局面。

第二次 2021 年的"烟花"台风，"烟花"台风登陆先后在浙江舟山（台风级）、嘉兴平湖两次登陆，恰逢天文大潮，上海沿江沿海及黄浦江上游支流水位代表站全部超警，杭州湾代表站出现历史第二高潮位，7 月 26 日凌晨黄浦公园最高潮位 5.49 米（居历史第三）；太湖出现 2021 年第 1 号洪水，黄浦江上游米市渡最高潮位 4.79 米（创历史新高），形成风、暴、潮、洪"四碰头"。

3. 水灾害未来趋势

上海市未来降水较之基准期都是增加的，但是在未来 3 个不同时期降水的增加幅度却呈下降趋势，未来上海市东南沿海地区，如南汇、金山等地在 2070 年左右会发生降水总量减少的突变，且突变显著；上海市其他地区在 2011—2030 年之间降水总量呈增加趋势，随后 10 年短暂下降，之后又有 10 年的短暂增长，但降水变化趋势都不显著，直到 2060 年左右会出现降水总量显著减少的突变。因此，上海市未来出现极端天气气候事件的概率将进一步增加。

4. 上海现有防御体系应对水灾害的风险

根据现有的上海城市防御建设及管理成果，结合未来的城市防御安全需要，上海市在城市应对未来超标水情应该进一步探索应对预案及保障城市安全的具体办法，如利用可用的地下空间、增加城市绿色生态空间的储水能力、增加城市物资储备、全民防御体系建设及救援队伍多元化等工作。

（三）上海应对防汛防台具备的基础条件

1. "十三五" 水旱和海洋灾害主要成效

（1）防洪安全保障能力得到加强

积极推进吴淞江工程（上海段）建设，协同流域机构推进太浦河后续工程，全面完成大治港上游河道防洪工程（一期）、西部地区流域泄洪通道防洪堤防工程达标建设，区域防洪能力基本达到 50 年一遇。实施 79.2 公里黄浦江、苏州河堤防改造加固工程，黄浦江防汛墙市区段达到千年一遇设防标准。完成 39.5 公里公用段和 35 公里专用段海塘达标改造以及 5 公里保滩工程建设，全市主海塘达标率提升至 87.6%，大陆及长兴岛海塘公用段全面达到 200 年一遇防御能力，其他地区基本达到 100 年一遇及以上防御能力。"十三五"期间，本市成功抵御了 2016 年和 2020 年太湖流域超标准洪水、2017 年 9·25 大暴雨、2018 年多个历史罕见台风和 2019 年 "利奇马" 台风的侵袭，确保了人民群众生命财产安全和上海城市平稳有序运行。

（2）区域除涝排水能力不断提高

完成全市3520公里城乡中小河道综合整治，打通断头河3188条，轮疏镇村级河道1.2万公里。2020年全市河湖面积增至640.93平方公里，河湖水面率提升至10.11%。有序实施骨干河道整治工程，完成300公里骨干河道综合整治，区域引排水能力进一步增强。开展水利片外围口门建设，完成淀东水利枢纽、张马泵站等35座排涝泵闸建设，新增水闸孔径174米，新增泵站流量约393立方米/秒，全市区域除涝基本达到15—20年一遇能力。积极推进苏州河深隧试验段工程建设，建成大定海、虹梅虹许等28个中心城区排水系统及富长、金丰等11个郊区排水系统，新增市政雨水泵排水能力约738立方米/秒，中心城区16%的面积达到3—5年一遇排水能力，全市城镇建成区基本不低于1年一遇排水能力。实施约65公里道路积水改善项目。完成郊区107个低洼圩区建设，圩区抵御洪涝灾害能力进一步提升。

（3）水旱和海洋灾害监测预警预报能力持续提升

完成长江口和省市边界水文监测站网建设，实施水利分片及行政分区水文监测站网建设，新建国家地下水监测工程上海水利部分，基本实现全市水文监测站网布局全覆盖；完成上海市洪水风险图一期项目，升级改造水情遥测站及自动测报系统，水文监测预警预报体系得到完善。出台《贯彻落实〈国家海洋局贯彻落实《中共中央国务院关于推进防灾减灾救灾体制机制改革的意见》工作方案〉的实施方案》，成立市海洋监测预报中心，稳步推进海洋观测站网建设，新建及改造16个海洋观测基础设施，完成芦潮港站等4个代表岸段警戒潮位核定，设置本市首个沿海警戒潮位现场标志物；开展海洋灾害承灾体调查，完成海洋灾害风险评估与区划；组建市区两级海洋灾害信息员队伍，修订海洋灾害观测预报、海洋事故监测评估等应急预案，海洋灾害防御管理体系更加完善。

2. "十四五"水旱和海洋灾害发展目标

至 2025 年，基本建成与上海经济社会发展相适应的现代水系统治理体系，基本实现"防御能力增强，安全底线坚固"的目标，为达成城水相依、人水和谐的幸福愿景提供坚实保障。基本补齐洪潮灾害防御短板，区域除涝和城镇排水建设提速，中心城城镇雨水排水能力达 3—5 年一遇面积占比 35% 左右，新增河湖面积 1500 公顷以上，防洪堤防达标率达到 90%，水利片外围除涝泵站实施率达到 65%，海洋灾害防御能力大幅提高，风险应对能力明显提升。

3. "十四五"水旱和海洋灾害主要任务

守牢安全底线，增强水系统灾害防御韧性。强化城乡水安全保障，绿蓝灰管结合、江河湖海共保，系统推进堤防达标、区域除涝、城镇排水设施建设，挖潜存量设施效能，加强灾害防御及应急处置能力。

（1）全面提升洪潮防御和区域除涝能力

加快吴淞江工程（上海段）等流域骨干水利工程建设，完成新川沙河段和苏州河西闸工程，开展罗蕴河河段前期工作，并适时启动建设，提升流域防洪、区域除涝能力的同时，改善本市北部地区水环境质量。协同推进太浦河后续工程，提升太浦河行洪、供水和生态功能。实施 50 公里左右黄浦江干支流堤防加高加固工程，基本消除千里江堤薄弱段；深化黄浦江河口建闸前期研究，持续提升黄浦江抗风险能力。推进 50 公里左右主海塘达标建设，提升海塘防御风暴潮能力。系统推进河网和泵闸建设，以淀山湖、元荡、金汇港等骨干河湖水系建设为重点，实施约 300 公里的骨干河湖综合整治工程，进一步畅通蓝网主脉络，进一步贯通蓝绿开放空间；推进张泾河出海闸等 20 余座水利片区外围水（泵）闸建设，建成后可新增水闸孔径约 285 米，新增泵站流量约 650 立方米 / 秒；开展新一轮水闸安全鉴定，对已鉴定为三类、四类的病险水闸加快开展前期工作，加快实施改造，持续提升区域引排水能力。达标改造 45 个左右低洼圩区，进一步提高西部低洼圩区抵御洪涝灾害能力。

（2）持续推进城镇雨水排水系统建设

建成苏州河深层排水调蓄管道系统工程试验段，加快后续工程前期工作，并适时启动；推进大名等 16 个中心城、月浦等 7 个郊区雨水排水系统建设，新增约 330 立方米 / 秒排水能力，增强城市排水韧性。建成桃浦等六座污水处理厂初雨调蓄工程，推进后续提标工程，建设龙华排水调蓄工程和一批水环境敏感排水泵站初雨调蓄池，减少相关排水系统初雨对河道水环境影响；适时启动白龙港区域干线污水调蓄池建设，新增初雨调蓄设施规模约 50 万立方米。结合海绵城市建设、城市更新，完成 200 万立方米左右绿色调蓄设施建设。全市城镇约 25% 左右面积达到 3—5 年一遇排水能力，中心城区 35% 左右面积达到 3—5 年一遇排水能力。

（3）实施存量排水设施提质增效工程

挖潜现状泵站效能，开展泵站更新维护工作。持续开展排水管道周期性检测及维修改造工作，重点检测约 1.3 万公里排水主管，对其中约 1500 公里排水主管进行修复或改造，基本完成现状管龄超 10 年以上排水主管的检测、修复或改造。加大排水管道附属设施改造力度，结合道路工程项目，推进雨水连管和雨水口更新改造，按新标准新建及翻排雨水连管，累计完成全市约 60% 的雨水口改造工程，基本实现网篮全覆盖，提升排水和截污能力。完善排水设施监测网络，加强排水设施运维监管，形成运行信息全收集、运行状态全显示、运行监管全覆盖的监测网络，逐步提高厂站网一体化运行调度能力，更好发挥存量设施效能。

（4）增强水旱及海洋灾害风险防控和应急处置能力

完善水文、海洋监测站网布局，新增水文测站 10 处，提升功能约 50 处，完成基本水文测站标准化建设；推进海洋浮标、海床基观测系统和 X 波段雷达建设，基本形成覆盖本市重点海域、岸段和海岛的业务化观测监测能力。开展水旱和海洋灾害风险普查，进行风险评估与区划，划定灾害重点防御区，构建分类型、分区域的灾害风险普查数据库体系，摸清水旱和海洋灾害风险隐患底数和防灾减灾救灾能力现状。积极开展应对全球气候变化、海平面上升等灾害致灾机理和应对研究。优化水情预报模型，升级分片水情预报系统；加强海洋气象预报模型开发，建设海洋应急预警报综合信息平台；完善风、暴、潮、洪综合预警系统。健全水旱和海洋灾害应急处置预案，探索建立海洋减灾综合示范区，加强水旱和海洋灾害应急救灾物资储备，推进物资配备标准化建设，逐步形成市、区、街镇三级物资储备体系，加大基层灾害防御人员队伍建设，动态更新"一网四库"管理信息。研究海洋综合保障基地建设方案并适时建设。

（四）历年来上海市防汛防台的主要成果

1. 防汛工程体系建设

历年来，以风灾、暴雨、天文高潮、洪水为主的灾害不断暴露出上海防御标准与极端天气灾害强度不符的问题，上海市多次提高建设标准，工程设施防御能力不断提升，建成千里海堤、千里江堤、区域除涝、城镇排水的防汛工程体系，为防范极端灾害提供强有力的保障。

初期，以风灾和暴雨为主的多次灾害暴露出防汛墙防御标准不高的问题，市区以黄浦江防汛墙为主的城市防御体系不断提高建设标准，建成千里江堤。潮灾的危害加剧，在防御体系中不断加强海塘的防御能力，逐步建成了千里海塘。区域除涝，1977 年，上海市水利建设进入统一规划，全面开展时期，依据上海的河网分布和地势特点，提出"分片控制，洪、涝、潮、渍、旱、盐、污综合治理"的治水方针。1980 年，上海市水利局编制完成《上海郊区水利建设规划（1981—1990 年）》草案，正式提出把全市分为 14 个水利控制片进行综合治理。水利控制片基本上由外围一线堤防、水闸、泵闸、片内河道以及圩区组成。"十三五"期间实施 300 公里骨干河道综合整治，完成 35 座排涝泵闸建设。城镇排水，中华人民共和国成立前，上海共有雨水管道 531.5 公里，雨水泵站 11 座，排水能力为 16 立方米／秒，排水系统不健全。1956 年，上海市市政工程局通过研究市区地面平均累计沉降量约一米左右，和江河潮水经常上岸的状况，确定"围起来、打出去"的防汛排水原则。至 1962 年新建和改建肇嘉浜、武夷、五一、周塘浜等排水泵站 61 座，初步形成 50 多个排水系统。1962—1978 年，又对市区积水严重和排水设施不健全的地区进行系统改建，先后建成凤城、宛平、康定等 19 个排水系统和泵站，平均每年建成一个系统。"十三五"期间建成 39 个排水系统，中心城建成区强排系统中的 16% 达到 3—5 年一遇排水能力。1978 年市城建局制定了市区雨水排水系统规划，即以建成区为主，规划 85 个排水系统，服务面积共 141.94 平方公里。提高排水设计标准，从以往采用的暴雨重现期半年一遇提高到一年一遇，即城市雨水排水标准由 27 毫米 / 小时提高到 36 毫米 / 小时。1978 年到 1995 年先后新建芙蓉江、朱家渡、新客站等 74 个排水系统的泵站和管道，每年约有四到五个排水系统投入使用，城市排水系统逐渐健全。

2. 防汛非工程体系建设

随着防汛工程体系逐渐完善，应对极端灾害时，指挥系统、信息系统及保障系统等软件建设不匹配的情况开始引起重视，因此，建设了组织指挥体系、预警预案体系、信息保障体系、抢险救援体系和灾害恢复体系等防汛非工程体系，为防汛应急管理的预警、决策、响应、准备、恢复起到了重要作用，预警技术精准度不断提高，流域及区域洪水风险地图广泛制作及应用，指挥防御体系不断完善，"一网统管"的市区两级建设，使得上海市防汛综合防御能力大幅提升。

3. 预警及响应起到重要作用

综合指挥能力提升气象方面，上海市突发事件预警信息发布系统，2013 年进行设计开发，完成后投入业务运行，同年，上海市水情自动测报系统（水情系统）完成升级改造，预警技术不断提升，为防汛决策制定和执行争取到宝贵的响应时间，上海市人员伤亡事故和损失呈断层式减少。

4. "一网统管"，提高上海的防汛工作精细化程度

"一网统管"是提升上海城市化管理精细化程度的重要手段，以城市应急处置之中防汛防台指挥系统来举例，汇聚气象、水文、海洋、海事及流域机构等十多个部门的各类防汛信息，涵盖"测、报、

防、抗、救、援"六大环节，通过在数据归集、数据治理、数据应用等多个方面的统一标准整合出一个完整数据共享平台。例如，在台风天气如遇到下立交积水，当积水达到 10 厘米，防汛防台指挥系统将自动把信息推送给路政部门，路政养护人员赶赴现场抢排水。当积水深度达到 25 厘米，系统将信息同步推送给公安、路政、排水等部门。封闭下立交作业、交警现场指挥、就近调度资源进行现场支援抢险等举措都将从应急预案中自动弹出并实施。同时，道路积水、台风路径、实时雨量等信息也将第一时间通过上海发布、随申办市民云、今日头条、上海防汛等互联网移动平台向社会同步发布，提醒市民主动避险。

（五）提升防御与动态适应能力，更有效应对"超标"洪灾

由于全球气候异常引发的极端天气发生概率的不断增加，结合近年来我国气象水文资料趋势分析，并根据上海风、暴、潮、洪"四碰头"灾害已有的两次记录及灾害情况，上海市防御更加严峻的气象水文自然灾害是当前城市安全运行的迫切需求。

在超标洪灾冲击时，首先应保证人的生命安全，渐次放弃相对不重要的市政目标，将有限的资源用于确保最核心的城市运营功能不被击穿，对极端气象水文灾害的防御就是成功的，灾难就是有限的。因此，上海市风、暴、潮、洪"四碰头"防御、应急体系需以"无亡、少伤，尽快恢复，损失可控"为目标，从"不能淹"到"不怕淹"，需从免疫力、治愈力、恢复力三个方面进行提升，并落实到宏观（流域）、中观（城市）及微观（重点区域）层面。

上海在防汛防台等方面构建了较为完善的防御体系，经过多年建

设，已基本形成"千里海塘、千里江堤、区域除涝、城镇排水"四道防线，通过扎实有力的防御指挥体系，在面对风、暴、潮、洪单一灾害发生，以及"二碰头""三碰头"等复合灾害的现象时发挥了巨大的作用，成功抵御了近年来的多场台风、洪水及强降雨等气象灾害。但在面对极端气象情况下的综合风险防御，仅仅依靠提升工程能力和标准还不够，还应从依靠水利工程对流域和区域、城市洪水进行分配调度的防御模式，走向基于水利工程设施与自然解决方案相融合的新型工程防御模式。面对"四碰头"等极端灾害，需要加强利用基于自然环境条件的解决方案，提高城市综合防御水平。

1. 进一步提升工程体系的防御能力

（1）构建高精准度灾害监测预警体系

超标洪水监测及预警是现代化防灾体系的重要一环，美国、欧洲和日本等饱受洪灾的国家、地区近几年来灾害监测及预警系统为应对飓风灾害、风暴潮贡献了重要力量。因此，上海为应对未来的极端灾害，应从综合管理的角度，提高对超标洪水的智能化监测预警的精准度，构建可视化、数据化、智能化，不囿于历史数据的超标水灾监测预警平台，开发"紧急速报系统"，重视针对性，实战性和实效性。如日本通过 X 波段 MP 雷达测雨技术、危机管理型水位计流域雨量指数方法、洪水分析，软件和方法等实现对河流的重要河段的预告全覆盖，小河流预警全覆盖。同时，日本政府还利用全球定位系统，开发了"受灾早期评估系统"（主要用于地震），该系统能在 30 分钟之内计算出受灾规模并给出相应的救援建议。

（2）构建应对超标水灾的工程管理标准体系

补充和增加应对上海超标降雨和洪水的防灾规划标准的专门内

容，提高防御能力，为高标准工程防御提供依据。对当前仍然滞后的部分标准、法规、条例和导则有针对性、有前瞻性地加快编制和健全，构建平战转换的科学体系。

（3）持续推进工程项目的建设

1）加快推进黄浦江河口水闸建设，减少"四碰头"的概率。由于全球气候变暖、海平面上升、地面沉降、风暴潮加剧等自然环境因素变化，以及人类活动的影响，黄浦江水情工情发生了较大的变化，黄浦江高潮位呈趋势性抬升，现状黄浦江防汛墙堤顶超高不足，抗风险能力有所降低。从用地条件、生态景观、结构安全和实施周期等方面综合考虑，全线再次加高加固黄浦江防汛墙难度大。因此，在黄浦江河口建闸，阻挡外潮顶托，大幅降低"四碰头"的概率，是提高上海防洪除涝能力的关键性工程。《太湖流域综合规划（2012—2030年）》《上海市城市总体规划（2017—2035年）》明确提出："开展黄浦江河口建闸工程规划前期工作，择机建设。""加强黄浦江河口水闸前期研究，并择机建设。"《上海市防汛除涝规划（2020—2035年）》明确要求"做好河口闸规划选址及用地控制，并择机建设"。目前，黄浦江河口水闸已完成选址规划，加快推进建闸工作，可缩短黄浦江沿线防洪战线，有效应对超标准洪潮引发的综合风险。

2）实施堤防加高加固，夯实城市防汛基础。黄浦江和苏州河两岸堤防全长604.8公里。黄浦江堤防经历了"208工程""110工程""上游2+1工程"及太浦河工程建设，建设年代为1987—2004年，运行近20—40年，受限于建设年代的经济条件，大量的防汛墙为原结构加高加固。近年伴随黄浦江流域区域工情、水情变化和航运功能提升，各种隐患问题常有发生。应尽早启动黄浦江中上游干流段堤防加高加固工程相关前期技术研究工作并尽早实施。针对"烟花"台风暴露的薄弱岸段制定相应的整治计划，结合设施养护和堤防专项维修工程，完成公用和非经营性专用薄弱岸段整治工作。在薄弱岸段消除前，制定完善专项预案，加强日常管理，做好各项应急保障工作，确保防汛安全。

3）推进海塘达标建设，巩固一线防潮能力。"千里海塘"是上海防汛体系中的第一道防线，《上海市防汛除涝规划（2020—2035年）》将主海塘防御标准由 100—200 年一遇全面提升为 200 年一遇。按该新标准，主海塘尚有 236.4 公里未达标，占全市主海塘总长的 47.4%，主要分布在崇明三岛及大陆地区局部岸段。建议按崇明生态岛建设要求，结合景观道路等工程建设，加快海塘达标，同时，加强水下地形监测，及时对冲刷岸段进行保滩护滩。

4）加强河湖水系治理，提高灾害防御韧性。河网水系是"安全、资源、环境、景观"的共同载体，是城乡发展的基础设施，具有防汛除涝、水资源配置、航运、农业生产和生态景观等诸多综合功能。根据《2020 年上海市河道（湖泊）报告》，2020 年，全市共有河道（湖泊）47446 条（个），河湖面积共 640.93 平方公里，河湖水面率 10.11%。"十三五"期间，全市河湖水面率有明显提高，但与 2035 年规划要求的 10.5% 左右还有一定差距。全市部分骨干河道尚未按规划开通，连通畅活的骨干河网框架尚未完善；受各种条件制约，不少中小河道尚未完全按规划蓝线整治到位，河网水系需进一步连通畅活。江河湖泊是水灾害防御的重要基础设施，巨大的调蓄空间是应对洪涝灾害的海绵体、加强河湖水系治理、提高洪涝灾害韧性的重要手段。

5）提升苏州河主动防御能力，降低苏州河沿线风险系数。太湖流域骨干工程吴淞江工程已在推进实施中，为避免上游洪水长驱直入进入主城区与区域暴雨遭遇，应再加快启动苏州河西闸建设，降低苏州河沿线的风险系数，提升上海主城区应对极端天气的防御能力。

2. 构建自然防御体系，强化上海二次防御力

我国传统的生态治水智慧，尊重自然、顺应自然、天人合一，推崇基于规避灾害、治水、节水、用水的低成本、低影响的规划和建设理念，历经千年依然能给予我们启发。根据欧美等发达国家的经验，城市绿地及生态空间是城市短期应急防汛的主要承载部分，对于城市的应急防汛具有决定性作用。因此，极端气象水文情况下，基于自然的防御解决方案，关键是转变生态空间建设思路，提升安全避险功能，统筹利用生态空间进行国土安全含水安全、生态安全、地质安全、国防安全等方面的综合防御。

（1）转变公共服务设施的优先等级次序

传统防洪"生态链"的次序是：街区—道路—排水系统，绿地—道路—排水系统，上游洪水—排水系统，排水系统—河湖—入海，城市排水系统承载了较大压力，而河湖成了城市水灾的最大风险受体，而骨干河湖周边区域往往是最易淹没区。最终超标洪水通过水务部门理水，引洪入海。而在实践中，道路系统是灾害期间输出公共服务最主要的载体，是生命线保障工作的重要一环，比街区的作用更大，因此，需要调整公共服务的优先等级，保障道路的通行功能，这就要求相应的街区、绿地都需要有一定的蓄滞纳功能，不能随下随排，排干排净。

上海，尤其是五个新城的建设规划中，城市的竖向设计要随之有创新有转变。而在现有城区中，结合城市更新和美丽家园改造，研究各个街区的独立防洪能力，和1—2天的允许积水紧急状况应急预案。

（2）统筹利用生态空间，深挖上海防汛潜力

依照《上海市生态空间专项规划（2021—2035）》，至2035年，确保市域生态用地（含绿地广场用地）占市域陆域面积比例达到60%以上，其中，落实150万亩永久基本农田和202万亩耕地保有量目标，森林覆盖率达到23%左右，人均公园绿地面积力争达到13平方米以上，中心城人均公园绿地面积达到7.6平方米以上，力争实现全市开发边界内3000平方米以上公园绿地500米服务半径全覆盖。河湖水面率达到10.5%左右，湿地保护率50%以上。规划建设2000公里以上骨干绿道，建成30处以上郊野公园。上海的生态用地占据陆域面积的60%，如何充分利用现有的和规划中的生态空间、生态湿地、郊野公园、森林，在水面率短期难以大幅提升（9.98%—10.5%）的情况下，提高以生态空间为主的蓄滞纳量，将规划生态空间与上海防洪现有"千里海堤、千里江堤、区域除涝、城镇排水"体系密切结合，充分利用郊野公园、生态廊道等作为抗御超标洪水的临时蓄洪区，并将外环生态公园带作为上游西北部洪水阻隔带，减少市区及核心区的压力，是应对超标水灾的重要工作内容。目前城市中的景观河湖还不能充分发挥雨洪调蓄的作用，以及农村大量的坑塘因污染而被填埋所损失的均匀分布的坑塘都对防洪不利。对规划建设的生态廊道（含生态农田），尤其是"蓝绿交织"的滨河绿带，在设计规范和导则中需明确协助调蓄河道水量的作用，并据此选择适合的"两栖"植物等进行配植，减少短期淹没的损失。农田的排水沟深度要旱涝结合，减少外排。

（3）转变城市竖向设计及地下空间设计理念

上海城区，尤其是五个新城的建设规划中，城市的竖向设计要随之有创新有转变。而在现有城区中，结合城市更新和美丽家园改造，研究各个街区的独立防洪能力，和1—2天的允许积水紧急状况应急预案，并要求所有地下空间，重点区域的地铁和地下车库等做好提高80—100厘米的防御措施，地下车库都要做好先上再下。高密度聚集的地下空间如人民广场地铁站等，可参照人防设计阻挡钢门，不仅对超标洪水防御有效，且能对防辐射、火灾、爆炸等起到多重防御作用。

3. 优化救灾减灾体系，构建全社会防御

防御"四碰头"等极端事件，必须严格贯彻落实习近平总书记"人民至上、生命至上"的要求，树立保护人民生命安全和身体健康可以不惜一切代价的理念。上海近年来通过不断地优化和总结经验逐步形成了防灾减灾救灾的体制机制，但是在实际的工作中仍存在一些实际的困难和痛点，尤其是面对超标洪水的不确定性和发生次数有限、历史数据少的特殊情况，其应急预案的编制需根据《上海市防汛条例》《上海市防汛防台专项应急预案》《上海市防汛防台应急响应规范》等规定，在Ⅰ级预警、红色响应基础上进行短期、战时的预警和响应，并需由市防汛指挥部报请市政府同意，启动（或变更或终止）此极端和特殊应急响应行动。超标洪水的应急目标是：无亡、少伤、快速恢复、损失可控。行动原则是：人民生命安全第一、重点区域安全优先、各生命线安全有序、物资医疗安全有备。

根据国际和国内先进经验和相似事件的防御案例，对超标洪水（由风、暴、潮、洪单因子或多因子引发，以"四碰头"为极端事件）

的防御应急预案，从优化救灾减灾体系、构建全社会防御的角度提供框架建议。

（1）构建全民防御体系

家庭是社会的细胞，防御的核心是保护人民群众的生命和财产安全，上海市当前防御的主体责任与主要工作由政府承担，社会居民的认知及参与感严重不足，甚至出现了妨碍防汛防台工作的情况，在"烟花"台风人员转移过程中，不少群众不理解、不配合，导致人员转移安置工作面临诸多困难。因此，全民普及防御知识、提高对自然灾害的认知与风险意识，是政府防御工作顺利开展的有效保障，更是构建全民防御机制的必然需要，同时也是教育和帮助民众逐渐走向更加文明、自律、自救、助人的生态文明新时期国民的要求。因此，建议从以下几点开展相关工作。

（2）建立五级组织体系，发挥区块防御优势

建立"市、区、街镇、居村和家庭"五级组织体系，以条线为指导，以块面为主体，以街镇为单元，以居村为站点，以家庭为细胞，形成分布式、并联式结构，增强韧性，就近及时应急救援处置体系。按照"平战结合"的原则，分层分类建立区级层面城市日常管理指挥架构。理顺日常运行模式，并在"四碰头"等非常态下开展应急管理工作。建立大值守工作新机制和多渠道发现机制，以物联、数联、智联为基础，充分发挥"网络端""市民端""感知端"和"策源端"的能力，形成实时监测、智能预警和信息报告体系，实现作为"市、区、街镇"枢纽的作用。

（3）提高全民对自然灾害的认知与风险意识

河南郑州水灾、湖南洪江水灾、江西九江水灾等灾害让我们一次

又一次感受到了对自然的敬畏，对抗洪精神、抗洪事迹的感动。但是更多的教训告诉我们，要有强烈的忧患意识，才能有乘风破浪的驾驭能力。因此，建议上海市政府、防汛部门、宣传部门、媒体等加强对自然风险的宣传与科普，开展从娃娃抓起的超前综合防汛防灾知识普及的教育模式。由防办负责编写防汛防灾知识教材并提供科普单位、教师培训和考核标准，推出上海市防汛科普教育资格证和科普单位名单，通过对全社会的号召，有序开展防汛自救知识普及。普及的重点包括对于洪水的认知、防汛自救的准备、如何在受困情况下取得救援，以及最重要的：何时该留在屋中，还是应该撤离（水平移动），或是应该前往当地的安全区（如高处的避难所，即垂直移动），修建防汛博物馆和相关的知识学习馆，免费开放让大家切身体验各种极端气象条件的灾害程度。将演练落在实处，以练为主。

第三节　基础设施韧性能力提升实践

一、燃气设施

（一）燃气设施韧性建设机遇和挑战

尽管上海市燃气系统总体趋势良好，安全可控，行业主管部门及相关企业已开展了大量工作。结合安全韧性城市建设要求，上海市燃气系统安全韧性发展仍然面临以下挑战。

1. 燃气管网存在的风险

上海市燃气管道存在材质落后、使用年限长的安全隐患，亟须建立燃气管道风险评估体系，根据风险等级有序开展管道更新挑战工作，并完善燃气管道风险预警机制。材质方面，上海市燃气系统灰口铸管和绝缘管有待逐步改造。管龄方面，目前超过 30 年，以及 20—30 年的地下燃气管道有待评估其风险以制定更新改造计划。

2. 燃气使用存在的风险

燃气器具产品质量、应急处置及隐患防范技术等方面存在一些薄弱环节，安全宣传仍有盲区。在器具方面，燃气器具和配件参差不齐。不符合标准的调压器、连接管、燃气灶具等产品在某些区域（尤其是城乡接合部）仍有销售渠道；在应急方面，急抢修等应急处置过程中，专业处置人员对现场潜在风险源有效辨识能力有待加强，事故处置水平有待提高；在技术方面，供应端安全生产和用户端安全用气的智能化监测和管控水平仍比较薄弱，智能化技术水平有待提高。

（二）夯实基础，技术赋能，全方位保障燃气安全

1. 建工程抓落实，提升免疫力

（1）保障气源供应安全

加快推进上海 LNG 站线扩建项目、五号沟 LNG 站三期工程等设施建设，并列入市政府重大工程，提高上海气源保障和应急储备能力。同时，加强用户端安全改造，加快推进灶具前橡胶软管更换工程以及高龄独居老人报警器安装工程，列入市政府实事工程，提升用户端供应安全。

（2）保障管网运行安全

根据风险评估情况，结合钎探、挖探坑检测，对高风险的管道、附件进行更新。对于风险地段燃气管网通过各种手段进行检测，确定

管网现状，进行必要的管道更新或修补处理；对于运行环境恶劣的钢管段，如地表积水管段、凝水缸、阀门井进行重点探查，重视杂散电流的影响，对于新区城市管网建议使用新型管材。行业监管部门、属地政府应要严格把关地下管线施工审批程序，凡涉及影响地下燃气管线的，应要求建设单位与管线业主单位进行协商，并在施工过程中采取相应的防范措施，以控制施工外力因素损坏管线造成燃气泄漏事故的发生。

（3）保障设备运行安全

严把关口，在方案设计、论证阶段，对风险源进行深入识别与评价，提出事故预防措施；组织技术攻关力量对高中风险工艺技术进行深入研究，限制、淘汰落后的工艺技术，用安全的或危险性小的原材料或工艺替代具有较高危险的原材料或工艺，将风险控制到可接受的安全水平，从源头把控安全风险。对设备系统进行全面、深入的安全性分析和系统性检查，梳理现有危险性高及老化设备设施，重点排查设备电源线、管道接口、报警装置等方面，根据检查结果评估设备安全性能，并彻底消除老化设备电气事故隐患，努力推进设备设施"三化"（机械化、自动化、无害化）改造；积极对设备系统进行技术优化升级，淘汰工艺落后设备；严格按照设备使用说明和设备定期试验报告，及时做好设备的修理和更新，使设备始终处于健康状态，确保设备系统的本质安全。推广应用新技术、新工艺、新材料、新设备。预防控制关键技术与装备，设备调研、采购、使用时必须从设备设施的购置及管理上充分考虑，优先选用自动化程度高、安全防护功能强的设备设施，在高危岗位实施"机械化换人、自动化减人"，推广应用工业机器人、智能装备等，减少危险岗位人员数量和人员操作；积极采用防护监测、预警系统、在线监控等智能化应用技术，不断增强安全硬件技术实力。

（4）保障终端用气安全

抓紧摸清燃气用户使用橡胶软管的底数并制定更换工作计划，采取分包到户、责任到人等方式，逐一入户摸排调查，全面摸清城镇燃气用户使用橡胶软管以及橡胶软管存在老化、不合格等安全隐患情况。对摸排中发现安全隐患的，要立即组织整改；整改过程中，要落实好管控措施，防范事故发生。加快组织实施燃气橡胶软管更换工作，立足当地实际，用好城市燃气管道等老化更新改造、老旧小区改造中央预算内投资补助，多渠道筹措资金，完善由专业经营单位、政府、用户合理共担机制。按照城市基础设施生命线工程建设部署，结合燃气橡胶软管更换工作，推进同步加装用户端安全装置。督促燃气经营企业切实落实入户安检责任，依法依规加强对燃气经营企业的管理，督促企业建立健全并严格执行入户安检等安全管理制度，采用信息化等手段建立工作台账。

（5）保障燃气系统运行安全

系统是本质安全的核心。系统安全是指在系统生命周期内应用系统安全工程和系统安全管理方法，辨识系统中的隐患，并采取有效的控制措施使其危险性最小，从而使系统在规定的性能、时间和成本范围内达到最佳的安全程度。依据《城镇燃气设计规范》的要求，安装城镇天然气管网压力传感器、流量传感器，实时监测天然气管网的压力、流量等指标，并将管网压力、流量、场站天然气泄漏等监测数据共享利用。

加强城镇天然气高压、次高压管道阴极保护数据动态监测，综合判定现役管道的阴极保护系统是否可有效减缓管道腐蚀速率；针对腐蚀情况严重的区域管线，持续优化阴极保护系统工作效能，确保管道腐蚀风险得到有效控制。安装可燃气体智能监测设备，在线实时监测天然气管网相邻地下空间可燃气体浓度，实现监测区域内天然气管网泄漏的快速感知，以技术手段弥补人工巡检的时效性盲区。

对天然气管网相邻地下空间可燃气体浓度数据进行智能监测和自动报警，实时感知天然气安全运行状态。对天然气泄漏燃爆风险进行研判分析，结合燃气管网的建筑信息模型（BIM）数据，综合分析周边危险源、防护目标、报警超限时长、密闭空间大小、人员密集环境和报警发生时间段等因素，评估报警事件可能导致的损失程度，按级别发出燃气燃爆火灾等安全风险预警。绘制全市天然气管道保护管控一张图，叠加全市天然气管道数据、管道警戒区域、工地电子围栏数据、挖掘机等机械位置数据、天然气巡线员位置数据。设定管道警戒区域预警规则，实现挖掘机等机械闯入警戒区域且未签署动土作业一张表自动预警。加强球墨铸铁管道保护。对球墨铸铁管道增加巡护频次，并做好巡护记录。加强处置措施，当发现管道某路段多次泄漏时，进行路段整体改造。

搭建信息资源交换共享总平台，打破行业政府壁垒，实现信息资源共享。依托上海地下空间信息基础平台、地下管线综合管理信息平台，做好管线交底工作。同时做好外部配合监护工作，铺设 PE 管道时采用防护盖板等管道保护设施。加强燃气管道的巡查巡检。充分利用高精准泄漏检测、无人机巡线、北斗系统定位、手持智能终端等方式，实现人巡技巡有效结合，提升巡检效能和精准性，提高风险防控、隐患发现率。

2. 创机制全管理，提升治愈力

（1）加强法律法规、标准规范的修订规范

结合最新版的《燃气工程项目规范》，进一步修订《上海市燃气管道设施保护办法》。同时为进一步规范燃气用户室内燃气管道及用气设施安全检查，编制《上海市燃气用户设施安全检查管理规定》。为提升燃气工程验收标准，从源头实现风险防控，开展《城镇燃气管道工程施工质量验收标准》修订。编制《城镇燃气用户端安全技术标准》和《燃气设施安全检查标准》，从燃气终端用户燃气设施的配置、施工、验收的安全方面，从整体安全的观念出发规定具体功能、性能、关键技术措施，使用户端用气设备和安全装置的整体安全功能和配置组合达到本质安全。编制《燃气智能计量表技术标准》，将带安全切断报警功能的计量表纳入标准，实现用户端风险检定及预防。编制《新建居民燃气立管标准》，细化新建居民燃气立管安装标准，支撑后续居民住宅老化立管改造。为推进老化管道改造，由燃气企业编制《燃气管道和设施失效风险评估》和《老化燃气管道安全评价》，实现燃气管道和设施风险评估。

（2）加强燃气安全制度建设和管理

在灶具合规基础上，明确验收要求、数据采集类别等信息，并严格要求新开用户燃气设备需要二次验收，验收合格后才能通气。在满足相关标准规范的基础上，从设计、施工、验收、运营等环节，加强材料、用料质量检测，保存样本与管线同寿命。

（3）建立健全市、区协同安全管理机制

进一步理顺市、区两级管理格局，建立执法联动机制。市、区两级管理部门要根据职责分工，编制本级部门燃气权力清单，进一步健全市、区燃气两级管理联动机制，加强市级燃气管理部门对区级燃气管理部门的指导以及市、区燃气两级管理的协调、统筹。同时，完善政企管理体制机制，全面推动精细化管理总体架构建设。由政府行政主管部门制定完善相关规范标准，燃气公司根据相关要求，提供相应服务。

（4）建立健全乡镇（街道）安全管理体系

各区要指导和推动乡镇（街道）根据燃气有关法律法规规定，建立健全发现、报告机制，包括投诉举报和燃气安全失信联合惩戒"黑名单"制度等；建立各职能部门与乡镇（街道）联动机制，及时制止违法经营和占压、损坏燃气设施的行为，及时报告、协助处理燃气安全事故，共同做好燃气安全管理工作。

（5）建立健全企业外部协调机制

为了城镇燃气管网安全稳定运行，防止管道第三方损坏，天然气管网运营企业应实行严格的管线巡视和安全隐患处理制度，及早发现事故隐患，及时处理。对于个别遗留的隐患问题，应加大执法力度。企业还应加强外部协调，特别是与其他选线施工单位的协调，防止因协调不力而造成第三方损坏事故。企业应建立埋地天然气管道信息查询系统，便于道路或其他地下管线施工作业者的查询。

3. 提能力用技术，提升恢复力

（1）开展试点研究，推动技术创新

在数字化转型过程中，按照"试点先行，逐步推广"的原则，开展地下管网三维跟测数字化系统、燃气施工过程数字化资料管理平台和管道数字化等试点工程，逐步实现急难险重的技术问题突破，助力燃气高质量发展。同时引入有能力、有实力、有特色的高科技技术企业等市场主体参与燃气高质量发展过程，在长期的合作过程中，进一步培育立足燃气行业智慧化建设的标杆企业，为燃气行业向科技智慧方向发展提供支持。

（2）建立燃气系统相关基础数据库

借鉴国外管道管理先进经验，结合我国管道特点，建立管道事故基础数据库。开展管道在运行中可能发生的危害事件以及对事件后果的严重性进行分析和识别，建立潜在环境风险的动态数据库，同时利用科学方法对识别出的危害因素进行评价，对于不可接受的风险制定相应的控制措施。对高风险管段较为集中区域，开展区域性更新改造规划或方案编制。

（3）推进燃气系统数字化平台建设

利用三维可视化设计、BIM 技术提升燃气系统设计方法，实现设计成果的数字化交付；运用物联网、云平台等技术实现数据完整、全面、精准采集，利用建设管理数字化平台，优化采购、物流、施工过程中数据采集、审查和归档管理，确保燃气工程建设过程中的安全性和可靠性。同时，全数字化成果交付实现了在物理管道竣工时，完整、准确的数据资产流向运营维护阶段，燃气全要素数据互联共享，为进一步实现"来源可溯、去向可追、责任可究"奠定基础。

（4）建立健全燃气系统人才梯队

抓基层班组建设，推进班组工作制度化、规范化、程序化，加大检查考核力度，促进责任制的落实；做好基础管理工作，建立科学的安全管理方法，预防为主，注重经验总结，建立经验反馈机制和交流机制，提高安全管理透明度，在第一时间发现并消除安全隐患，降低事故的发生率；强化基本功训练，加强人员职业素养、行为规范和岗位业务技能，从理论知识、技能操作和工作业绩等多方面入手，综合考察每一位员工的岗位操作能力，加强岗位基本功训练，以点带线、以线带面，全面加强职业化队伍建设。树立全面的安全管理理念，确保燃气生产、储存、输配、使用等各环节的安全。

加强安全教育培训，建立全覆盖、多层次、经常性的安全教育培训机制，通过科技水平的提高来促进安全素养的提高，通过案例教育来强化安全意识，通过法制教育来增强岗位意识，避免违章操作。建立激励机制和监督机制，建立健全安全生产责任体系，强化安全责任，采取有效手段激励全体从业人员提高安全知识水平和技能水平。

（5）加强燃气韧性文化普及及宣传

除传统媒体以外，利用企业微客服、政务公众号、宣传号、抖音直播平台等新媒体，全面加大宣传力度，持续增强燃气安全意识，让更多百姓知晓管道隐患整治工作的重要性，带动更多社会群体参与到这消除城市燃气隐患的工作中去。

二、交通设施

（一）交通韧性建设机遇和挑战

当前超大城市面临的风险挑战日益复杂。超大城市是经济发展的重要引擎，其战略地位决定其承担的责任、面临的挑战都是巨大的，超大城市是各种安全问题的汇聚点，超大规模性带来的城市治理难题是一个世界性难题，对交通系统韧性能力提出新要求。[1]

---

[1]　于福林：《关于上海韧性交通建设的思考》，《上海城市发展》2022年12月增刊。

1. 交通系统外部存在的风险

风险挑战的不确定性和极端性越来越强，主要体现在各类突发事件对交通系统的冲击上。

（1）自然灾害的不确定性

在自然灾害方面，风险的不确定性不仅表现在类型上，还表现在程度上。如自然灾害的极端程度超越了人们的认知范畴，而且这类事件日益"趋多"。2021 年河南郑州"7·20"特大暴雨灾害中，20 日郑州国家气象站出现最大日降雨量 624.1 毫米，接近郑州平均年降雨量 640.8 毫米，16 时至 17 时出现的极端降雨，突破我国大陆气象观测记录历史极值。[1] 从未来趋势看，随着未来全球变暖进一步加剧，预估极端热事件、强降水、农业生态干旱的强度和频次以及强台风（飓风）比例等将增加，越罕见的极端天气气候事件，其发生频率的增长百分比越大。[2]

（2）事故灾难的破坏性

事故灾难对交通系统的冲击始终是难以回避的风险。虽然数据显示，中国安全生产事故逐年下降，2022 年安全生产事故死亡人数和 2017 年相比下降 46.9%，[3] 但这类挑战始终存在。特别是城市交通网络密度的增强，城市空间生产、生活空间的融合，造成的破坏性往往巨大，对交通基础设施的建设、日常管理、快速恢复提出了新要

---

[1] 《河南郑州"7·20"特大暴雨灾害调查报告》，载应急管理部官网，https://www.mem. gov.cn/gk/sgcc/tbzdsgdcbg/202201/P020220121639049697767.pdf，2022 年 1 月。

[2] 周波涛、钱进：《IPCC AR6 报告解读：极端天气气候事件变化》，《气候变化研究进展》2021 年第 6 期。

[3] 应急管理部：《2022 年全国生产安全事故起数和死亡人数同比分别下降》，载网易网，https://www.163.com/dy/article/HQBRQ2ML0514R9OM.html，2023 年 1 月 5 日。

求。2015 年 8 月 12 日，天津市滨海新区天津港的瑞海国际物流有限公司危险品仓库发生火灾爆炸事故，造成 165 人遇难，其中参与救援处置的公安消防人员 110 人，事故企业、周边企业员工和周边居民 55 人。[1]事故暴露的管理问题和对交通基础设施破坏及影响都十分巨大。

（3）公共卫生事件提出动态适应的新要求

近年来发生的传染病等公共卫生事件对城市交通运行产生了动态适应的新要求，这是韧性能力的重要方面。在传染病暴发初期、顶峰、恢复期对城市的出行要求是不同的，如基础设施能否满足接触较少的短距离"慢行"需求，能否通过精准动态管理保证刚性、应急物资保障运输需求。这类事件对韧性交通的动态性、易达性、智慧性等提出了新的要求。不少研究认为应通过对不同情形下的交通供给进行动态调整，在其适用期间进行弹性扩充可提升城市交通的韧性。

2. 交通系统内部存在的风险

随着城市规模的扩大，城市交通系统日益复杂。2021 年，上海港港口连接度连续 11 年保持全球首位，集装箱吞吐量突破 4700 万标准箱，连续 12 年保持全球第一；2019 年，上海机场通航全球 50 个国家和地区 314 个通航点，客运吞吐量 1.2 亿人次，位列全球城市第四；2021 年，航空货邮吞吐量 436.6 万吨，位列全球城市第三；2021 年底城市轨道交通网络规模达到 831 公里；至 2021 年底公路总里程 1.31 万公里，高速公路里程 845 公里；城市道路 5844 公里，城市快

---

[1]《天津港"8·12"瑞海公司危险品仓库特别重大火灾爆炸事故调查报告公布》，载中央政府网，http://www.gov.cn/xinwen/2016-02/05/content_5039785.htm，2016 年 2 月 5 日。

速路里程 233 公里。[1]

（1）交通运输过程的风险

交通运输过程的风险。运输过程中的风险主要分为网络和局部两个层面。在网络层面，上海交通网络尤其是道路交通网络的冗余度严重不足。截至 2021 年底，全市注册号牌小客车近 420 万辆，长期在沪使用的外牌小客车约 145 万辆，总计约 565 辆，较 2014 年增长了 73%，而道路设施增长量极为有限，交通拥堵已呈现常态化，抵抗外部扰动的能力极为有限。在局部，轨道交通大客流、"两客一危"运输风险程度较高。以轨道交通为例，运营车站达到 508 座、换乘站 83 座，日均客流达到 1000 万人次以上，世纪大道、人民广场、汉中路、徐家汇、龙阳路等多线换乘的车站换乘量达到 15 万人次以上，其中世纪大道近 40 万人次。

（2）交通设施运行过程的风险

上海超大城市交通网络基本建成，交通基础设施规模仍持续增长，存量设施的运行风险也不断加大。比如，轨道交通方面，铁路与城市轨道交通沿线漂浮物吹落、铁路与道路平面交叉、安全作业区施工等都是主要的风险点。再比如，交通设施服役时间较长引起的风险，轨道交通 1 号线、2 号线主要设施设备运行已超 20 年，外环隧道服役也近 20 年，东海大桥桥墩长期受到水流冲刷等。除此之外，还存在船舶碰撞桥梁、港口超等级靠泊等风险。

（3）交通设施建设过程的风险

目前交通基础设施仍处于大规模建设阶段，过去五年年均投资

---

[1]《上海市交通发展白皮书（2022 版）（征求意见稿）》，载自上海证券网，https://www.cnstock.com/image/202207/28/20220804203936051.pdf，2022 年 7 月。

650亿元以上。截至目前，在建工地405个，危险性较大的分部分项工程100多项，主要分布在深基坑开挖、高大模板支撑、起重吊装、拆除、大型机械安拆、盾构掘进、水上水下工程、通行道路围封等方面。其中，17台盾构，至年底还有15次交叉穿越管线、河道、桥梁、轨道等（含北横8标穿越轨道交通18号线及银都路越江下穿黄浦江）；40个深基坑中，20米以上基坑32个，到年底还有10个基坑进行基坑封底高风险施工，施工过程风险较高。

（4）技术革新带来的风险

随着新一代网络技术、大数据、人工智能、新能源等新技术在交通领域得到大量应用，在提高交通服务水平与效率的同时，也带来了新的风险。

监管不完善带来的风险。比如，"互联网＋"交通产生的新交通模式，在法治还有待完善的情况，非法网约车、互联网货运平台依然存在，对正常的市场秩序和客货运安全形成挑战；智能网联汽车还在探索的过程中，给道路交通带来的风险不容忽视。

技术成熟度带来的风险。比如，新能源技术有力地促进了绿色交通的发展，但电池引发火灾或爆炸的风险依然存在。

网络安全带来的风险。支撑新基建系统运行的网络受到攻击、数据被泄露，都会给正在运行的系统造成突然中断等严重后果。

3. 交通领域管理层面的风险

在责任主体方面。安全基础管理工作薄弱是主要问题。当前，管理者重生产轻安全、重效益轻安全的问题仍比较严重，尤其是受到疫情影响，经济效益不乐观的情况下，这种思想有加强之势。此外，企业管理人员不熟悉安全生产基本法律法规、管理要求的情况仍然存在。从业人员技能偏弱身兼数职，安全生产职业技能培训不到位。

在监管人员方面。行业监管人员对风险管理的思想认识还不到位。"重审批、轻监管"的观念仍然存在，"日常安全监管"是"安全监管部门的事"的思想认识仍然存在，"安全第一""齐抓共管"理念未得到真正贯彻落实。针对行业出现的新风险，主动作为意识还不强，通过优化机制、技术赋能等手段加强安全监管的主动性还不够强。

在应急管理方面。目前，应对突发事件的动态感知、科学预警、实时救援等能力还有待加强，风险源清单、应急预案、应急专家、应急资源等静态信息未完全实现电子化，难以按需快速获取相关信息、完成资源优化调配并最终科学、高效地完成应急保障任务。亟待创新监管方式，借助智能化、现代化手段提高监管效率和应急救援能力。

（二）增强系统韧性，实现超大城市交通高质量发展

韧性能力强调对各类风险从机械防御转向动态适应，从防御的单一视角转向了"减缓＋适应＋恢复"的多重视角。交通韧性能力提升涉及基础设施、运输组织、运行管理、治理体系等多方面。必须从社会、经济层面综合考虑，工作繁杂，需要全社会共同努力。结合当前上海发展实践，应将城市交通系统作为一个具有生命体征的复杂系统，从平时和战时（灾时）不同状态着眼，聚焦三项能力提升，提高上海城市交通韧性能级。

1. 加强本质安全和统筹发展，提升免疫力

党的二十大报告强调："坚持安全第一、预防为主。"免疫力，重点在预防，是韧性能力的关键。

（1）确保交通设施本质安全

要将坚持前瞻性规划、精细化设计、高质量施工、综合性运维、低影响更新，形成规建管养全过程一体化管理机制。针对上海超大城市交通基础设施体系体量大、使用强度高、日常维护约束多等特点，推广全生命周期管理理念，坚持前瞻性规划、精细化设计、高质量施工、综合性运维、低影响更新，强化主动养护和综合性养护，加大老旧设施更新改造力度，提升安全、耐久性能。增强交通运输网络的冗余度，为抵抗外部扰动留有余量。

（2）推进多种交通方式合理、有序、共同发展

在突发公共事件下，私人小汽车、自行车等个体交通方式表现出较强的安全性优势，充分体现了城市交通供给的多样性的重要性。提高交通系统韧性，应不断完善市域交通体系，支撑空间拓展新格局。要进一步提升主城区交通承载力，轨道交通站点600米范围内用地面积覆盖率超过40%。形成相对独立的综合交通体系不断建立，实现"30、45、60"时空目标。新市镇交通体系更加健全，城乡交通融合发展。强化交通对优化城市空间布局的引导和支撑，推进交通改善与城市更新相互促进，推动产城融合和职住平衡，注重区域差别化发展。强化市域线、市区线、区域线"三个1000公里"规划建设，以公共交通发展为导向提升空间组织效能。

（3）推进运行高效的道路和公路交通

培育"理性购车、合理用车、有序停车"理念，坚持车路平衡和区域差别化，继续实施小客车拥有量管理，更加突出使用管理。坚持精细化管理，利用先进的道路交通组织手段提升运行效率。适度满足基本停车需求，有序引导出行停车需求，充分发挥停车管理对交通需

求的调节作用。进一步完善高（快）速路网，推进瓶颈路段扩容工程，完善快速路和主干路骨干体系，优化提升高（快）速路立交节点功能。持续推进普通国省干道建设，促进城乡一体化和区域融合发展。结合城市更新，打通道路微循环，优化提升城市道路路网结构和服务功能。加强公共通道空间利用，提高路网密度和道路连通度。

（4）加强建设平安机场

以"平安、绿色、智慧、人文"为核心，建设四型机场。依靠科技进步、改革创新和协同共享，通过全过程、全要素、全方位优化，实现安全运行保障有力、生产管理精细智能、旅客出行便捷高效、环境生态绿色和谐，充分体现新时代高质量发展要求的机场。[1]

确保机场运行安全，强化企业安全生产主体责任。持续推进机场安全管理体系（SMS）建设，全面实施安全绩效管理。充分利用新技术，因地制宜地采用多种技防手段，有效弥补传统人防、物防手段的短板，全面提高对跑道侵入、鸟击、FOD类等不安全事件的防范水平。依托信息化手段，构建立体化运行安全防控体系，使感知更透彻、预警更精准、指挥更高效、防范更有力，全面提升辅助决策、预警联动和应急处置能力。确保机场建设安全，加强基础设施运行监测检测，提高设施维护管养水平，增强设施耐久性和可靠性。加强机场环境监测、管控和治理，有效管控机场运行与野生动物活动的相互影响，加强对机场及周边净空、电磁环境的保护。持续推进机场基础设施建设，夯实硬件基础。加快新增机场建设，优化完善全国机场网络

---

[1]《中国民航四型机场建设行动纲要（2020—2035）》，载中国政府网，http://www.gov.cn/zhengce/zhengceku/2020-03/25/5495472/files/0453adba19d1415a819b4b54452c0214.pdf，2020年3月。

体系，使机场网络覆盖更广泛、分布更合理、功能更完善、定位更明晰。推进京津冀、长三角、粤港澳大湾区、成渝等世界级机场群建设。推动旅客、货物集疏运量大、地面交通承载要求高的"地面枢纽"机场与其他交通方式深度融合，打造以机场为核心的综合交通枢纽。与基地航空公司发展战略充分对接，着力打造一批中转效率高、服务好的世界级航空枢纽机场。适度超前规划，提升现有机场运行保障能力。确保配套的空管、航油等工程与机场建设统筹管理、同步推进实施。提高"一市多场"规划研究水平，鼓励在接近终端容量且有条件的城市建设第二机场或疏解机场。

（5）推动城市交通枢纽建设

注重枢纽配套建设，新建综合客运枢纽的各类设施统一规划、统一设计、同步建设、协同管理。促进公共交通枢纽场站综合开发，推动建立城市公共交通用地综合开发增值效益反哺机制。深化研究货运枢纽布局。积极推进多式联运发展，推动道路货运设施与航空、水路、铁路运输设施紧密衔接。推动传统货运场站向现代化物流设施转型，加快推动形成商贸服务型国家物流枢纽。构建层次清晰、高效有序的多级城市配送体系，完善配送末端设施。

（6）持续改善慢行交通环境

开展人性化、精细化道路空间设计，提升慢行通道的连续性和功能性，优化慢行交通环境，保障慢行交通路权。完善轨道交通站点"最后一公里"慢行接驳通道建设。结合"一江一河"两岸贯通工作，打造舒适多样的公共开敞空间，充分依托绿地资源构建品质宜人的绿道系统。优化无障碍设施建设，打造全龄友好、充满活力、品质宜人的慢行空间。优化非机动车停车设施建设和管理，合理布设停放点位，实现停放便利有序。加强电动自行车安全使用管理和占用人行道骑行等违章管理。规范互联网租赁自行车经营服务，引导车辆有序投放，加强停放秩序管理。

（7）推进交通系统绿色低碳发展

优化交通运输结构，持续推进货物运输结构调整，完善海空枢纽集疏运体系，加快海铁联运、水水中转业务发展。打造便捷舒适的慢行交通环境，持续提升城市绿色出行比例。

加快交通能源结构转型。加快公共领域车辆纯电动替代，持续提升新能源汽车销量占比。积极探索氢燃料电池车辆商业化示范应用，适度超前布局加氢站。加快打造快慢并重的充换电设施网络，提升公共领域快充桩比例，加快地面公交、出租汽车等运输业态集中式充换电场站建设。

推动港口新能源服务基础设施建设，不断完善新能源船只所需的燃料补给及其相关的配套设施建设，按新型船舶投入运营倒排配套时间表，根据实际需求分阶段实现在上海港形成具有低硫燃油、LNG、甲醇、电能、液氨、氢能等"多元"能源供应能力。在洋山港北侧新码头建设中预留新能源配置设施，同时建议在交通领域碳达峰建设的总体框架下继续深化，形成具体实施计划。市政府相关部门与港口企业、能源企业、船运企业、造船企业、新能源企业、科技力量共同努力，政府主导、市场主体积极发挥作用，推进船舶能源结构绿色转型融入高质量发展、高水平安全的中国式现代化进程。

推动内河航运绿色低碳发展。参照上海公交、地铁以及新能源汽车的补贴方式，对上海的轮渡等内河、近海船舶的油改电进行补贴，排出黄浦江、苏州河船舶电动化近期目标和工作方案。根据当前的绿色能源发展实际情况，设定资金金额和标准，有目标分阶段地实现新能源结构升级目标，让上海"一江一河"在绿色航行中实现先行。

推进机场绿色低碳发展，通过提高管理水平、改进运行模式、优化保障流程等切实提高机场尤其是大型机场运行保障效率。推进设备、车辆、人员等地面保障资源共享、统一调配，利用新技术实现地面服务各环节、各工种无缝衔接、高效协作。充分利用技术手段提高机坪运行管制能力，推进大型机场机坪管制移交。加强对全国机场机位的信息管理，出台政策措施推进机位资源的优化配置，实现过夜机位资源的总体平衡。持续推进机场保障车辆和设施设备"油改电"，提升机场运行电动化、清洁化水平。创造条件引导旅客利用公共交通抵离机场。

2. 加强管理协同和责任落实，提升治愈力

完善交通安全体系，提升安全水平，是很长一段时间内交通韧性能力的核心。当前，交通安全体系面临的主要问题是整体性、协同性和精准度不足。

（1）强化统筹，构建责任落实核心体系

完善区域协作、部门协同的交通安全监管体系，强化属地责任，加强企业安全信用管理，鼓励开发推广交通安全责任险种，健全高风险驾驶人清单机制等。

关注口岸机场韧性机制建设。组织交通、民航、卫健、口岸、海关、边检、公安等部门以及浦东等属地区政府联防联控，形成统筹协调、分工协作、扁平运行的工作机制。同时，空港办会同浦东、闵行、长宁三区，不断建立完善"区域级、社区级、点位级"三级联防联控体系，按照"明确会议机制、厘清职责界定、强化协同配合"三

项基本原则，会商解决重点与难点问题，加强协调联动。各部分类推进重点工作。综合联络部牵头完善内部运行制度，联动各方提升效能；运行协调部强化绕机作业，高效开展预排查预处置，不断提升应急能力；防疫指挥部加强消毒过程评估、效果评估，规范作业标准，推动核酸检测和疫苗加强针接种；口岸协调部联动海关边检，推动入境人、货、机的消毒和查验；地区协调部严格高风险岗位人员管理，落实集中居住点"五长联动"机制；督导检查部坚持问题导向，层层压实责任、闭环整改，紧盯薄弱环节、查漏补缺。建立健全机场地区"三级督查"体系，聚焦集中居住、绕机作业、机舱消毒等重点环节深入查找漏洞和风险点，对发现的问题逐项梳理形成清单，督促各责任主体落实闭环整改。

（2）强化规建管养一体化

推行全生命周期管理理念，健全全过程参与、各环节衔接、闭环反馈等机制。（探索道路设施"年轻化"更新模式，加大老旧设施更新改造力度，提升安全、耐久形成。）加强智能建造与养护，提升工程质量安全风险动态感知能力。综合新基建，应用先进检测技术，持续开展重大基础设施设备服役性能动态监测。

（3）强化重点领域的风险管控和隐患排查治理

提升轨道交通运行安全风险管控和隐患排查治理水平，强化关键设施设备、大客流等主要风险点的动态监测、评估与预警，及时整改运营安全隐患。

推进铁路沿线安全环境常态化隐患治理和长效监管，保障铁路运行安全畅通。加强"两客一危"行业安全管理，推广数字化监管。

强化高速公路安全管理，进一步完善防护设施，持续推进视频监控全覆盖。

规范水路运输市场准入管理，加强港口运营安全和航道通航安全管理，加强内河跨航道桥梁等重要构筑物管理和黄浦江等重点区域管控。

加强中小机场基础设施投入以及空管、机务、运行管理等专业人才培养力度，严防超能力运行风险。利用新技术提高气象观测和预报准确性，加大除冰雪设施设备等保障资源投入，提高不良天气条件下的运行管控和保障能力。

针对自动驾驶、市域铁路、游艇租赁、网络客货运等新模式、新业态，坚持依法监管，加快完善法规标准体系。

（4）完善管理平台建设和技术应用，加强协同共治

依托"一网通办"，以数据为驱动，促进跨领域、跨层级、跨部门业务协同，对风险分类、分级管控，对症下药，确保在各类突发状态下，交通运行系统能快速切换到应急处置中，确保系统快速恢复到正常状态。

深化"一网统管"，聚焦交通工程建设、道路设施运行等重点行业和领域，加强多源多维数据分析，实现闭环监管、监测预警、趋势研判、模拟仿真等功能。

加强智慧交通等新技术的运用，逐步构建交通数据资源体系，完善数据管理相关制度，充分发挥数据的创新引擎作用。建立政府引导、企业主导、产学研用深度融合的交通科技创新机制，支持和鼓励交通领域"卡脖子"技术率先突破，推进空域交通管理等运行管理技术创新和应用。

加强机场运行数据共享与协同，明确民航管理部门、机场、航空

公司、保障单位等对不同数据资源的管理权、使用权和共享义务，打破"信息孤岛"。建立系统对接标准，逐步实现不同信息系统的互联互通；统一数据定义及信息交互格式标准，实现不同系统数据的交互共享。统筹内部各信息系统，实现全场一张网，数据全贯通。整合线上和线下资源，实现线上、线下无缝衔接、顺畅切换。统筹推进机场协同决策机制，实现机场和航空公司、空管、运行保障及监管等单位间核心数据的互联共享，建立高效的空地协同决策和运行控制系统，形成基础全域协同及智能决策能力。

3. 加强应急救援能力和效能，提升恢复力

（1）强化交通应急救援能力

建立健全综合交通应急管理体制机制、法规制度和预案体系，加强应急救援专业装备、设施、队伍建设，积极参与国际应急救援合作。建设应急处置资源支持保障体系，探索建立区域应急处置资源支持保障中心，完善资源调用和征用补偿机制。加强全国机场备降机位建设和统筹管理，强化资源信息共享，提高机场备降保障能力。

（2）提升应急管理效能

深化以"一案三制"（即应急预案，应急管理体制、机制和法制）为核心的应急管理体系建设，推进综合交通运输调度和应急指挥系统联网建设，推动应急响应智能化。构建多层次综合运输应急装备物质和运力储备体系，强化轨道交通、水路运输、高快速路、桥梁隧道等领域应急资源保障。

加强重点时段、重大活动的交通应急保障能力，加强交通战备现代化建设，全面提升交通应急应战能力。总结新冠疫情防控经验和教训，完善交通领域对突发公共卫生事件的防控机制和应急预案，统筹

疫情防控、交通运行，保证国际国内物流供应链畅通。

建设智慧机场，推进信息基础设施与机场应急保障有机融合。加快推进新一代移动通信系统建设及多网融合，提供广覆盖、低时延、高可靠、大带宽的网络通信服务。加快北斗导航在机场自动化作业、精准定位等领域的应用。逐步推进各项设施全面物联，使状态可感知、数据可获取，为实现网络协同、智慧运行创造条件。

实现重大交通基础设施工程的全生命周期性能监测，推广应用基于物联网的工程质量控制技术。

（3）推动应急响应智能化防控

建设集监测、响应、决策、管理于一体的交通应急指挥协同平台，提升应急响应协同能级和处置效率。加快推进交通枢纽、轨道交通车站等重点区域大客流智能研判预警技术应用。统筹优化与船舶大型化相适应的上海港水上交通安全监管和应急救助系统设施装备布局，建设智能水上交通管控网络和大数据应用平台。推进网络与信息安全防护技术和装备应用，强化行业数据、关键信息基础设施安全自主可控。

上海韧性交通建设任重道远。交通韧性能力的提升是系统整体运行能力的提升，韧性能力体现在交通规划建设运行的全过程中，三个维度的能力提升是统一的整体，从长期来看平时管理越高效、越精细，应对各类冲击和压力的能力就越强。

三、电力系统

（一）电力系统韧性建设机遇和挑战

电力系统是关系到国家安全和社会稳定的关键基础设施。我国

"十四五"规划首次提出"建设韧性城市",提高电力安全保障能力是重中之重。根据《上海统计年鉴2022》,2021年上海市年发电量为1006.75亿千瓦时,年末发电设备容量2785.79万千瓦,架空线长度达10506.56公里,电缆长度达16928.50公里,公用变电容量19447.38万千伏安,均处于稳步增长状态。[1]近年来,多地因极端气候频发导致能源供需矛盾,城市电力系统屡受冲击。如果叠加系统故障等其他风险变量,能源电力系统在应对"黑天鹅"事件方面将面临更大考验。当前,在电力系统韧性建设方面面临的挑战主要包括:

1. 大规模可再生能源接入的供应机遇挑战

可变的可再生能源发电在过去的十年里已经激增。随着太阳能光伏和风能成为最便宜的电力资源,这一趋势还会加速。可变可再生资源的快速增长有助于缓解传统燃料的供应安全担忧,但也要求电力系统的灵活性迅速提高。可变可再生能源、储能技术和电动汽车的大规模接入将改变电力供应安全的理念。面对这些变化,电力供应安全的传统框架不再适应。面对更大的供需波动性,保持系统的可靠性需要在电网和灵活性资源(包括需求侧、分布式和存储资源)进行更大规模、更为及时的投资。灵活性电源投资尤为重要,需要在扩大太阳能和风能的同时开发新的灵活性资源,以确保电力系统在其清洁能源转型过程中保持安全稳定运营。

2. 数字化以及系统互联带来的新安全风险

电力是数字技术最容易融合的实体行业之一,其应用正在呈指数

---

[1] 上海市统计局、国家统计局上海调查总队:《上海统计年鉴2022》,载上海市统计局网,https://tjj.sh.gov.cn/tjnj/20230206/804acea250d44d2187f2e37d2e5d36ba.html。

级增长。数字技术在加强电网灵活性，吸纳可再生能源，落实需求响应，帮助管理日益复杂的电力系统等方面发挥重要作用的同时，也使电力系统面临与日俱增的网络威胁。并网设备的快速增长扩大了潜在的网络攻击面，而电力系统互联性和自动化程度的提高也增加了这方面的风险。

电力系统遭受的包括物理攻击和网络攻击，而通过网络对电力系统实施攻击的严重性要大于物理攻击。任何通过芯片联接的能源系统都存在被黑客攻击的风险。电力系统连接的设备越多，范围越广，风险也越大。智能电网在提高能源利用效率方面具有优势，但同时又在网络安全方面留下隐患。实施网络攻击的主体包括国家网络部队，商业竞争对手雇用的网络黑客，也包括遭遇不顺或被解雇的员工、极端的环保主义者、无政府主义者、对社会不满者、恐怖分子等。未来的战争很可能不是通过武器来摧毁，而是在虚拟空间实施精准打击。通过网络打击可以使敌国的能源和工业系统瘫痪，从而不需要流血牺牲而达到目的。电力系统受到网络攻击的威胁巨大，而且还在不断增长。一次成功的网络攻击可能导致设备和流程失去控制，进而造成物理破坏和大范围服务中断。

3. 全球气候变化引起的极端气候事件影响

随着大气温室气体浓度的增加，电力系统正面临着气候变化带来得越来越大的压力。不断上升的全球气温、更加极端和多变的降雨模式、不断上升的海平面和更加频发的极端气候事件（热浪、森林野火、飓风和洪涝），已经对电力安全构成了重大威胁，并且呈加剧趋势。气候变化对电力系统的影响包括：在发电端，降低火电厂的效率和可再生电源的发电量；在输配领域，造成线路故障、线损增加和能力损失；在需求侧，大幅度增加空调的电力需求。虽然人们普遍认识到这些趋势及其威胁，但迄今采取的气候适应具体行动仍不足以确保足够的电力系统安全。

4. 电气火灾和触电事故等居民端用电安全

根据应急管理部消防救援局发布的《2022 年 1—10 月份全国火灾形势报告》，2022 年前 10 个月全国共接报火灾 70.3 万起，其中居住场所共发生火灾 24.5 万起，其中电气火灾占比 30.7%，是所有火灾类型中占比最大的起火原因。可见，居民住所发生的火灾是所有火灾事故中占比最大的一部分，而在第三产业及居民用电量占比逐年稳步增长、居民电力消费稳步提升的同时，电气火灾事故已成为居民用电时面临的最大的安全风险之一。引发电气火灾的一大因素是终端用电设备多，用电情况复杂，特别是进入冬季后用电量激增，以及用户用电行为不规范导致的。近十余年间，随着电动自行车使用量的逐步增加，电动车充电事故也愈加频发，已成为居民日常生活中发生的电气火灾和爆炸事故的另一个原因，不断成为用电安全关注的焦点。此外，室内外变配电设备故障和老化等也是火灾可能发生的原因。[1]

（二）技术赋能，提升管理效能

1. 优化源头治理，提升免疫力

（1）加强重点风险识别和预警

从区域、城市、园区、企业等不同层面和供给侧、消费侧不同维度，开展各类安全风险对电力系统的危险性、暴露性、脆弱性建模量

---

[1] 孙建平主编：《上海城市运行安全发展报告（2021—2022）》，同济大学出版社 2023 年版，第 79—81 页。

化和诊断分析，分类评估风险等级水平，绘制电力系统安全风险地图。危险性方面，系统识别安全隐患长期不利影响和突发极端天气气候事件风险，明确风险类型、分布时段、呈现方式、作用环节等。暴露性方面，重点识别电源电网受灾方式、分布地区及潜在影响。脆弱性方面，评估识别工程、技术、调度、管理等方面的适应差距和薄弱环节。

应用5G、无人机、机器人等技术手段，实施电网全方位数字化改造，提升电网监测防护能力，建设数字孪生电网，实现全天候无间断监测巡视，形成电网全数字化监测和预警体系。通过输电通道可视化监拍、电缆分布式光纤震动监测、智能井盖等技术实现智慧输配电，对电网进行全景式监控，实现一屏观全网。

（2）推动电力设施升级及改造

在稳步推进"双碳"目标建设的同时，上海市仍需提升电力基础建设水平。结合城市发展定位，重点开展中心城区特别是内环以内配电网负荷转移能力梳理和评估，落实坚强局部电网规划，推进配电网可靠性提升工程。加大钻石型配电网建设力度，加快重要区域供电开关站双侧电源改造，确保变电站全停情况下负荷快速转移。

开展电力通信能力提升，面对频发的台风和雷暴天气，可以通过增强预警、改进应急反应机制等措施来提高对自然灾害天气的反应速度和应对能力。同时，还可以及时更新部分城区老旧的电力管网和电气设备设施，并通过风险识别和管控手段，对现有变配电站、输电线路和供电设备等环节存在的防雷击、防渗漏、排水等能力不足的风险进行预先识别和管控，提高电力设施的灾害防护能力，确保电力设施条件能够满足城市和居民不断上升的电力需求。

通过在全市范围内开展供电安全隐患排查专项行动，深入排查电力设施保供和用电安全隐患，加强政府机关、医疗卫生、通信、供水供气"生命线"和排涝泵站等重要用户供电设施运维检修，推进电力架空线入地、电网设备防雷、防小动物、防潮、防火等治理工作，提升设备健康水平和电力设施安全运行能力。

（3）加强用户安全防护和管理

针对居民用户用电安全，为独居老人、儿童等弱势群体增设电气线路、设备和火灾相关的技防设施，通过完善火灾反应机制、减轻事故危害等方式来降低冬季用电上升造成的事故高发所造成的不利影响。电气安全风险的宣传也应继续加强。通过公共交通媒体、公益广告等形式增加日常对家庭常见电气事故的宣传渠道并加大宣传力度，可有效减少电气安全事故的发生。

除此之外，在电气事故高发时间段前，尝试通过社区宣传活动、志愿者上门培训、增加传统媒体的相关知识科普等形式进行宣传，合理有效地运用社区组织、邻里小组等社区组织力量来完善事故预防机制，通过社区自查、邻里互助等相关手段从源头上减少事故，也是相关部门和组织可以考虑的管理手段。

2. 完善调节能力，提升治愈力

（1）提升需求侧自我调节能力

加强城市备份电源建设，就近布局建设生物质发电项目，有序推进屋顶光伏项目建设，稳定和提升自发电力占比。加强变电设施和配网网络更新改造，提升电力设施现代化水平和韧性。加强需求侧地热能、空气能、天然气、氢能等替代性能源供给保障能力，因地制宜推广分布式能源供给方式。

有序推动工业企业、公共建筑有序配备一定比例储能设施，挖掘城市新能源汽车充电储能设施反向供电潜力，释放消费侧供电储能潜力。合理控制高耗能高载能产业布局和发展，建立灵活适应电力丰缺情况的分时电价、阶梯电价政策，降低迎峰御荷压力。

（2）构建完善灵活的电力机制

将安全韧性作为电源电网建设乃至能源发展规划布局的重要考量因素。建立完善电力系统应对各类极端天气气候事件及其诱发自然灾害的应急预案，制定应对罕见极端情况、多风险叠加级联的情景方案。明确极端条件下的用电优先序，完善有序用电政策和方案，优先和切实保障民生需求。

完善对备用电源、应急电源、各类储能、电煤储备、电气储备等项目建设和长效运营的支持政策，支持退出火力发电设施保留备用。提升电力系统数字化、智能化水平，建立更加灵活、适应新型电力系统的电力交易机制。[1]

通过完善电力机制加快电网数字化转型，探索推动新型电力系统建设。加快建设智慧电网，依托电网科技赋能成果，顺应新能源发展和用户侧高质量用电需要，大幅提升电力系统调峰、调频和调压等能力，推进电网数字化转型，实现电力系统安全和绿色减碳双重目标。

3. 提升应急储备，提升恢复力

（1）优化电力供应结构和韧性

围绕优化城市电力供应结构，合理规划布局和配备电力结构，推

---

[1] 向柳、陈明扬：《增强电力系统气候韧性　防范"黑天鹅""灰犀牛"事件》，《中国能源报》2023 年 4 月 17 日。

进电力生产来源多样化，避免形成和稳步改变过于单一的电力结构，稳妥发挥火电的兜底保障作用。充分考虑风电、太阳能发电的间歇性、波动性特征，增强规模化电力储能能力配置，推动多能互补，优化电力集成、调度和出力方式。

以提升城市电网互联水平和韧性为目标，按照"大电网、大市场"要求，优化电网架构和输配电网络，提升基础设施互联互通、电力保障互调互剂能力和水平。历史形成的"孤岛电网"要主动接入毗邻电网，增强电力供给弹性，增强日常双向互动。毗邻电网要布局建设通道，搭建互联网络，具备双向互通能力。多渠道实现电力来源方向多元化、通道多样化，增强电力设施防灾减灾能力，增强覆冰监测和融冰能力。

（2）强化电力应急响应与处置

加强城市各类应急供电、防台防汛特种装备配置，中心城区要加强配置10千伏发电车、移动箱变车、电缆布线车及应急照明、通信、排水等装备；重要区域、重要用户要补充或预留应急电源专用接入装置，满足负荷转移和大容量临时供电需求，强化电力应急抢修能力，加强市区消防、交通、水、电、气等应急抢险力量联动，实施快速修复。

加强台风、强对流天气等期间突发情况处置工作，建立长效机制，制定输电通道保护区及周边区域抗台应急预案。台风来临前，对电力线路保护区内有隐患及倒伏风险的树木开展紧急修剪及加固。六级风力时，开展隐患巡查，进行紧急加固与防护工作。七级风力及以上时，实施隐患动态不间断巡视工作。发生薄膜等易飘物缠绕高压线路时，采取紧急消缺措施，对故障点周边线路开展特巡。

四、通信设施

（一）通信设施韧性建设机遇和挑战

上海作为中国的经济中心和全球城市，通信设施的安全和可靠性对于城市的正常运行和发展至关重要。但同时也面临的一些风险和挑战。

1. 网络拥塞

随着上海人口的增加和经济的发展，对通信基础设施的需求也在迅速增长。人们对高速互联网、移动通信和数据传输的需求不断增加，对网络带宽和容量提出了更高的要求。越来越多的人使用智能手机、平板电脑和其他网络连接设备，通信网络可能面临大量的数据流量压力。这可能导致通信速度变慢、服务质量下降。

2. 网络安全威胁

随着互联网的普及和数字化的推进，上海的通信设施面临着不断增加的网络安全威胁。黑客攻击、数据泄露和网络病毒等威胁可能导致通信网络中断、用户信息被盗取或滥用，对城市的正常运转和居民的生活带来严重影响。

3. 自然灾害的风险

上海位于长江入海口附近，容易受到台风、暴雨和海啸等自然灾害的影响。这些灾害可能导致通信设施的损毁和中断，造成通信网络的瘫痪，进而影响紧急救援、灾害预警和日常通信等方面的功能。部分通信基础设施已经存在一段时间，技术和设备可能变得老旧，无法满足高速、高容量通信的要求。这需要对设施进行升级和维护，以确保其性能和可靠性。

4. 城市建设和发展

上海作为一个快速发展的城市，城市建设和发展对通信设施提出了更高的要求。大规模的建筑工程、地铁扩建以及地下管道的施工等活动可能导致通信线路的损坏或中断。此外，城市建设还可能导致通信基础设施的过时，需要不断进行升级和改进。

5. 人为破坏和恶意行为

上海作为一个人口众多的城市，人为破坏和恶意行为对通信设施构成威胁。恶意破坏、盗窃通信设备和网络攻击等行为可能导致通信中断、信息泄露和服务中断，给城市的正常运行和居民的生活带来不便和损失。

6. 技术发展和升级

通信技术的不断发展和升级也给上海的通信设施带来了挑战。新技术的引入需要大规模的设备更替和网络改造，而这可能需要巨大的投资和时间。此外，技术的迅速更新也要求通信设施具备灵活性和适应性，以便快速适应新的通信标准和需求。

（二）严控风险因素，全面提升通行保障水平

1. 全面提升应急通信保障能力

全面提高应急通信保障能力。进一步完善行业及跨行业的政企联合保障机制，强化应急响应，加强"一案三制"建设，完善各项预案，做好应急演练，确保应急处置快速有效；通过规范化、标准化和科学化管理应急通信保障队伍，细化保障演练预案，理顺技术操作流程，定期开展应急演练，增强队伍实战能力，提升协同防御和应急处置水平；加强战备应急管理，规范战备应急组织指挥、提高指挥效率

第三章　上海韧性城市建设实践与探索　　　　　　　　　　205

和管控协调能力；适度增加应急装备和物资储备。

2. 强化网络基础设施安全保障

加强网络基础设施安全保障能力建设。贯彻落实《网络安全法》《通信网络安全防护管理办法》及国家关键信息基础设施安全保护要求，完善上海市信息通信行业网络安全风险管理工作机制，通过风险识别、分析评估、对策研究等环节组织行业开展风险评估，严格控制各类风险因素；深入开展网络安全隐患排查，组织各基础电信企业、重点互联网企业完善本单位网络安全管理制度，加强日常安全运维，围绕定级备案、符合性评测、风险评估等方面进行网络安全自查，强化问题整改；提升网络基础设施安全保障水平。

3. 加强行业网络数据安全治理

提升政府、行业、企业、社会数据安全保障能力。持续提升上海基础电信企业和重点互联网企业数据安全合规水平，打造数据安全能力国际领先国内一流的标杆企业。支持数据安全关键技术研发和应用，提高企业数据安全技术保障能力，促进数据要素安全流通和使用。持续统筹整合 IDC/ISP 等现有数据资源和技术能力，扩大对移动互联网 App 数据安全的巡查范围，提升互联网企业自身数据安全保护治理能力。

4. 提高新型数字基础设施安全保障水平

提升新型数字基础设施安全保障能力。强化基础电信企业和互联网企业的主体地位和作用，支持深入研究 5G 网络、设备、应用等关键安全技术，全面提高上海 5G 应用安全水平，形成技术领先、应用丰富、可持续发展的 5G 应用安全环境。加强物联网终端、网关、平台等基础安全保障。鼓励重点网络安全企业和工业企业开展工业互联网安全核心技术研发，推动企业加快工业互联网网络安全能力建设，提高工业互联网安全公共服务供给水平。促进车联网网络安全监测评估，提高车联网安全保障能力。

5. 推进信息通信安全生产

大力推进行业安全生产工作。深入贯彻落实习近平总书记关于安全生产工作的重要指示批示精神，结合信息通信行业实际，开展安全生产专项整治。严格落实基础电信企业和互联网企业的主体责任，做好安全生产重点工作。常态化进行安全生产教育培训，防范化解重大风险，持续开展网络运行安全检查，加强通信施工现场管理，整治通信建设工程安全隐患，做好新建铁塔安全管理，强化汛期、岁末年初、法定节假日等特殊时段安全生产管理，做好生产安全事故应急处置准备。

6. 提升网络安全应急处置水平

提高网络安全应急能力。健全网络信息安全责任体系，完善风险较高业务的安全评估机制，优化网络信息安全应急处置流程，提高重大网络安全风险防范应对能力。鼓励企业培养和吸纳行业网络安全应急响应和重大活动保障人才。完善网络安全预警平台和发布渠道建设，提高网络安全突发事件预警和快速响应能力。充分利用大数据、人工智能等新一代信息技术，完善技术手段建设，有效支撑行业安全应急工作。

7. 加强通信设施运行保障

（1）加强政策保障

加强政策保障。强化对信息通信业新的业务、业态的跟踪与研究，积极争取国家相关政策支持，出台上海市相应的扶持政策，充分发挥政策引导作用，不断完善与优化信息通信业发展环境，将行业发展融入到上海市经济社会发展大局。着手制定相应制度条例，依法保护信息通信基础设施的规范建设和安全运营。

（2）加强财政支持

加强财政支持。积极争取政府对信息通信行业在财政方面的支持，重点扶持5G、工业互联网、大数据、人工智能等领域的重点项目，拉动新基建投资量，扩大信息网络建设范围。积极争取国家战略性新兴产业、科技重大专项、网络安全与信息化建设等专项支持，引导社会资本参与相关建设，创新投融资机制。

（3）加强人才培养

加强人才培养。落实人才强国战略和首都人才优先发展战略，创新人才机制，优化人才环境，调整人才结构。以多种方式吸引信息通信人才和创新创业人才，深入实施上海市人才引进计划。进一步发挥上海产学研优势，鼓励校企进一步深入合作，建立合作人才培养模式，培养创新型、应用型和技能型人才。

（4）加强组织落实

加强组织落实。围绕信息通信业发展关键领域和薄弱环节，着力解决突出问题，细化落实本规划明确的重点任务。信息通信行业主管部门做好本规划的协调和落实工作，并加大宣传力度。推动建立上海各相关部门沟通协调机制，及时解决规划实施过程中关于政策、资金扶持、基础设施选址、征地、小区进入及环境评估等方面出现的问题。

五、智慧气象

（一）气候韧性基础设施机遇和挑战

中国式现代化城市安全发展对智慧气象保障城市安全提出了更高要求。超大城市是一个复杂的巨系统，上海正在以治理数字化牵引治理现代化，智慧气象需要牢牢把握城市生命体、有机体特征，通过赋能城市治理数字化转型，助力城市治理现代化，为实现中国式现代化城市安全发展发挥更大的作用。[1]

1. 气候态势全面感知能力建设要求

上海正在加快推动城市形态向数字孪生演进，完善城市 ALOT（人工智能＋物联网）基础设施建设，部署全域智能感知终端，加快实现城市"物联、数联、智联"。基于海量、多维、全息数据打造城市运行生命体征，生动鲜活地刻画反映城市运行的宏观态势，掌握城市实时动态。为适应全面感知的发展需求，智慧气象应当实现从观测到感知的升级。

2. 气候趋势智能预判能力建设要求

城市精细化治理突出一个"防"字，通过设定安全阈值，构建智能化动态分析预测模型，提前预测预判预警，预知风险隐患，把管理端口最大限度前移，更好地防范"黑天鹅""灰犀牛"，把风险隐患发现并消除在萌芽状态。为了适应智能预判的发展，智慧气象要实现从预报到先知的升级。

---

[1] 冯磊：《智慧气象保障中国式现代化城市安全实践与思考》，《上海城市发展》2022 年 12 月增刊。

3. 科技赋能数字孪生系统建设要求

上海加快推动城市数字化转型，正在建设城市数字孪生平台，为城市治理提供城市全要素表达、动态三维呈现、智能决策支持和模拟仿真推演。上海持续深化"一网统管"建设，根据城市精细化治理实际需要开发设计更多应用场景。智慧气象要通过城市气象孪生体建设为城市精细化治理提供智慧气象赋能的强大利器，通过气象先知系统、"气象插件"等实现气象服务从外挂到内嵌。

4. 全周期城市精细化治理要求

上海将全周期管理理念融入城市规划、建设、管理全过程，大力提升城市的空间韧性、设施韧性、管理韧性，保障城市运行的重大设施、重要功能的规划建设。要强化分布式布局智慧气象需要进一步发挥先导性作用，通过防御规划、气候可行性论证，提高城市的弹性适应能力。

（二）智慧气象赋能城市精细化治理

上海气象部门全面贯彻党的二十大精神，深入贯彻习近平总书记对气象工作重要指示和考察上海重要讲话精神，从"城市是生命体、有机体"的全局出发，面向未来城市精细化治理加载在数字孪生城市基础上的必然趋势，积极谋划城市气象数字孪生体建设，通过构建真实数字大气、未来数字大气和城市气象影响仿真，为智慧气象赋能城市精细化治理提供物理世界和数字空间交互的新范式。

1. 构建城市真实数字气象

建立城市灾害性天气综合观测系统，建设上海国家气候观象台，提高灾害性天气全天候、全天时、多要素、高密度、精细化监测能力，满足城市灾害性天气的防灾减灾需求。在陆家嘴地区开展城市建筑群观测示范，建立城市建筑群（江面、屋顶绿化、幕墙、弄堂风等）安全风险预警模型。在临港新片区开展城市河口湾区精密观测示范，围绕海港航运、码头装卸、大桥通航、高速公路和自贸区活动，建设保障城市河口湾区产业生产安全的气象观测系统。

在长三角生态绿色一体化发展示范区开展城市生态精密观测示范，开展城市生态多圈层综合观测，建设江南地区具有区域典型的林田湖草水"生命共同体"。通过气象立体观测和无人机走航等辅助观测，开展以陆家嘴、临港和长三角生态绿色一体化发展示范区为代表的观测与真实数字大气的校验，与城市 CIM 系统融合构建城市高分辨率三维实况大气数字模型，实现真实大气的数字化孪生。

2. 构建城市未来数字气象

发展华东（长三角）区域快速同化更新系统，针对重点区域模式分辨率可达分钟级、百米级。

研究超大城市复杂下垫面非均一性和人为热排放过程对高分辨率天气模式近地面过程的影响，提高数值模式对局地强对流的模拟能力。构建强对流、台风等灾害性天气预报系统，加强地面、卫星、雷达等多源观测资料的融合应用，发展灾害性天气识别跟踪技术算法，提升灾害性天气三维分析能力。

开展城市特征场景的预报示范，开发弄堂风、幕墙风压、地表温度、能见度等客观预报算法和衍生产品。开展城市街区小尺度、城市表皮层预报模式建设。探索构建三维智能网格预报场，立体刻画超大城市大气演变动态，提供覆盖社区最小单元的网格预报产品和任一点的要素预报，助力城市治理智能化和精细化。

3. 构建城市气象影响仿真体系

建设城市气象影响仿真能力，建立气候、天气对城市规划、建设和管理体系，深耕建筑工地风险预警智能化场景应用，细化完善基于天气气候的城市建设施工风险阈值，为城市建设提供全周期闭环服务。

加强气象为城市运行"一网统管"服务，在气象先知系统和气象插件中搭建城市安全运行影响仿真场景，建设基于台风、强对流影响的城市运行模拟器，根据台风、强对流对城市运行影响灾害链，建设城市暴雨内涝风险预警、大风影响高真实度三维模拟示范场景、沿江沿海大风风灾避险智能化场景、高空构筑物高坠风险高真实度三维模拟场景、城市绿化市容（行道树、落叶）气象保障场景、低空飞行气象保障场景和都市设施农业气象风险服务保障和会展、赛事等重大活动气象保障等智能化应用场景。

六、应急储备

（一）应急储备韧性建设机遇和挑战

习近平总书记在中央全面深化改革委员会第二十一次会议上强调"国家储备是国家治理的重要物质基础"，要求"强化战略保障、宏观调控和应对急需功能，增强防范抵御重大风险能力"。当前，世界百年未有之大变局加速演进，粮食、能源资源供应面临的不确定性增加，局部冲突等因素加剧了产业链供应链紧张，给经济社会稳定发展带来新的风险挑战。党的二十大向全党全国人民发出了以中国式现代化全面推进中华民族伟大复兴的动员令，《上海市国民经济和社会发展第十四个五年规划和二〇三五年远景目标纲要》指明了上海在新的起点上全面深化"五个中心"建设、加快建设具有世界影响力的社会主义现代化国际大都市的发展目标。在此背景下,上海地方储备应根植于"人民城市"理念和"大储备"观念,统筹发展与安全,强化服务总体国家安全战略,保障民生、维护产业链供应链稳定,应对急需的功能作用,成为保市场、稳预期的"压舱石",保安全、守底线的"防线"。[1]

1. 服务国家安全,发挥战略保障功能

储备的战略保障功能,主要是针对长远性、系统性、全局性风险,为维护国家安全、赢得战略主动、推动实现经济社会发展重大战略目标提供物质保障。粮食安全始终是我们党治国理政的头等大事,保障粮食安全这根弦任何时候都不能松;能源是工业的粮食,是发展国民经济的命脉所在。初级产品、关键原材料、核心技术是产业链供应链稳固的基础,是战略储备的重要使命。上海粮食、能源消耗量大,对外依存度高。在大变局中实现高质量发展,需要从总体国家安全观的高度,落实国家战略储备要求,端牢粮食、能源"两个饭碗",切实守住安全底线。

2. 调节市场经济,发挥保供稳价功能

储备的市场调节功能,主要是针对经济运行中出现的供需失衡、市场异常波动和产业链供应链受冲击破坏等风险,在平衡供需、稳定预期、引导市场等方面发挥积极作用。储为国计,备为民生,一头连

---

[1] 殷飞:《提升地方储备战略应急保障能力 筑牢中国式现代化城市安全底板》,《上海城市发展》2022 年 12 月增刊。

着经济社会发展，一头连着千家万户。生产资料是经济社会平稳可持续发展必不可少的要素，产业链供应链在关键时刻不能"掉链子"。上海着力打造国内大循环中心节点和国内国际双循环战略链接，应积极探索拓展储备内涵外延，保障产业链供应链安全稳固。要充分发挥民生商品储备的调节作用，强化对经济社会的协同保障，在更高水平上实现供需动态平衡。

3. 保障应急救灾，发挥应对急需功能

储备的应对急需功能主要是针对自然灾害、事故灾难、公共卫生事件、社会安全事件等突发的、局部的风险，提供救助物资等即时供应，并为后续措施跟进提供必要的缓冲时间。上海地理位置特殊，濒江临海，人口、经济要素密集，各类事故灾害和安全风险交织叠加。宁可备而不用，不可用而无备。必须居安思危、安不忘危，以系统性思维应对各类风险事件，把应急物资储备作为应急管理体系建设的重要内容，强化储备与应急预警体系衔接，更好地服务于突发事件发生后的灾害应对和人民群众所需的基本生活物资供应，切实维护社会和谐稳定。

（二）创新机制，夯实物资保障底板

上海作为经济中心城市，储备工作需以统筹规划为起点，以健全责任体系为基础，以创新管理运行机制为关键，为提升城市韧性发展能力夯实物质底板。

1. 统筹规划，明确应急储备目标

以城市安全和社会发展保障为根本牵引，立足落实国家储备要求、保障民生需求、维护产业链供应链稳定、应对突发事件，科学评

估影响物资供应的风险情形、风险概率及危害程度，考虑历史峰值需求和必要备份、适度冗余等因素，研究提出储备建议。同时，建立全市层面统筹协调机制，对接国家储备发展规划，统筹考虑国家战略、城市安全、财政承受能力等因素，形成统一的地方储备规划，科学评估储备品类、规模、布局，实施储备目录动态管理。

2. 立法修规，夯实应急储备责任体系

坚持政府主导、社会共建、多元互补，推进法规制度建设，明确各类主体的储备责任和义务，明确分级负责、部门协同的政府储备责任体系。坚持分级分类施策，市级储备主要防范化解全市范围内全局性、系统性和跨区供应风险，应对重大突发事件，落实国家战略储备要求。区级储备突出因地制宜、实用管用，重点保障区域内生活必需及应对自然灾害（含防汛防台）、安全生产、公共卫生等一般、较大突发事件。市级基层应急管理单元重点落实与本区域应急处置需要相符的物资储备。健全落实制度政策，支持相关生产、流通企业和产品用户建立企业社会责任储备；充分发挥国有企业和重点民营企业示范带头作用，引导企业在履行社会责任基础上，合理增加商业库存。倡导社会组织和家庭在保障生活必需、公共卫生防疫、防灾减灾救灾等领域开展必要的储备。

上海作为改革开放的排头兵先行者，理应围绕"人民城市"理念，以推进治理体系和能力现代化为目标，打磨粮食安全和物资储备精细化治理的"绣花针"，贯彻落实粮食安全法律法规，探索推进地方储备法规制度建设，把相关制度政策转化为治理效能，织就精细牢固的超大型城市安全发展底板，为推进和拓展中国式现代化，实现第二个百年奋斗目标不懈努力。

3. 创新机制，完善应急储备路径

坚持有为政府和有效市场相结合。储备既来源于市场，又服务市场。储备机制要同市场机制衔接，从确定规模品类到落实储备、轮换、动用等各环节都要充分考虑市场因素，尽可能按照市场原则进行。通过委托企业储备的，由承储企业结合经营活动进行轮换更新，保证储备物资数量和质量。推进政府直接采购的储备物资质量更新常态化轮换，顺应深化公共资源"一网交易"改革，推动储备物资入网交易。对难以通过市场化周转的物资，完善处置机制。加强专业监管、行业监管、属地监管的统筹协调，推进信用监管，依据市场主体不同的信用状况，实施差异化监管措施。统筹实物储备和平时生产能力、产品生产周期、急时转产能力以及动员潜力，在政府实物储备的基础上，探索适应市场机制的产能储备、渠道储备以及资金储备、技术储备等储备方式。

强化储备与预警体系衔接，在各类应急预案中明确储备保障机制。政府储备实行分级动用，优先本级调用、就近调用。承储单位按照储备动用机制及时高效组织调运，物权及管理责任随调用动用转移。倡导节约使用理念，加强对储备物资使用维护的技术指导。建立健全多部门联动、多方式协同、多主体参与的储备调运联动机制和紧急运输绿色通道，完善储备应急通行机制。按照极端情形、应急峰值及快速响应要求，强化铁路、公路、水运、民航及邮政快递等运输能力，促进各级各类储备网络与交通运输网络融合。结合便民生活圈建设，推动末端配送网络网格化建设。

4. 强化协同，提升应急储备效能

建立健全全市层面的储备工作协调机制，各有关政府部门统筹完

善相应品种储备，加强对各系统行业物资储备保障能力建设的指导。坚持市场化改革方向，创新政府储备管理模式，健全储备目录动态评估机制、轮换报废机制、信息报送机制等，推动储备管理从粗放型、经验型向精确型、网络型转变，确保常储常新。

5. 数字赋能，加强应急储备基础设施建设

推进储备信息共享，建设全市统一的储备信息化平台，形成政府储备和社会责任储备等电子台账。探索建立统一高效的储备监测分析、决策支撑、指挥调度、实时监管等一体化智能系统。突出储备设施功能综合化、保障基地化、布局网络化、管理智能化，加快推进储备基地建设。

第四节　上海地下空间安全运行实践与探索

一、上海地下空间开发现状

（一）上海地下空间的规模

城市地下空间从定义上是指为了满足人类社会生产、生活、交通、环保、能源、安全、防灾减灾等需求而开发、建设与利用的地表以下空间。地下空间的开发利用就是将现代化城市空间的发展向地表以下延伸，将建筑物和构筑物全部或者部分建于地表以下。

在地下空间开发规模上，据统计，截至2022年末，已建成地下工程4万余处，总建筑面积超1亿平方米，中心城区地下空间埋设了

7 大类 23 种管线约 11.86 万公里。

在区域分布上，地下空间开发利用主要集中在中心城区内，其中，静安区和黄浦区地下空间开发强度最大，而郊区如嘉定、青浦、松江、奉贤和崇明等地下空间开发强度较小。

（二）上海地下空间的主要类型

上海地下空间开发建设的主要类型集中在轨道交通、地下综合交通枢纽及隧道、地下综合体及商业设施、地下民防和生活停车设施以及市政基础设施等方面。

1. 轨道交通设施

截至 2022 年底，上海城市轨道交通运营线路达到 20 条（含磁悬浮），运营里程 831 公里，运营车站 508 座，其中地下车站 395 座。

2. 地下综合交通枢纽及隧道

目前，上海已建成虹桥枢纽、浦东国际机场、上海火车站、上海南站、十六铺公共交通等大型综合交通枢纽工程。截至 2022 年底，上海已经投运的越江隧道有 17 条，如郊环隧道、外环隧道、复兴东路隧道、西藏南路隧道、打浦路隧道和虹梅南路隧道等。目前还有 3 条交通动脉启动建设，除了银都路隧道，隆昌路隧道新建工程已开工建设；龙水南路隧道浦东段南线盾构调试完成，开始推进。贯通通车之后，将对区域交通带来能级提升。

3. 地下综合体及商业设施

以城市轨道交通站点为载体，以提升城市公共活动中心空间为目的，形成了如人民广场、静安寺、徐家汇、五角场、世博园等为代表的多功能、大规模地下综合体和商业设施。

4. 地下民防工程和生活停车设施

已建成的一批民防指挥工程、医疗救护工程、防控专业工程和大型人员掩蔽部等骨干民防工程，结合绿地、广场、公园等建成的地下停车设施以及居民区地下停车库等。

5. 市政基础设施

上海已建成地下综合管廊和专业管沟、污水箱涵、电力电缆隧道、地下泵站以及地下变电站等基础设施，还包括浅埋的大量地下市政管线工程等。上海最大规模的综合管廊试点工程，总投资约 35 亿、总长度 24.7 公里的松江南部新城管廊也在建设中。

总体来说，上海在地下空间开发建设过程中坚持科技创新，破解技术难题，形成了浅中层地下空间开发建设的勘察、设计、施工、测试及信息化应用的成套技术和管理体系。同时，坚持有序开发、制度先行、严格管理，充分发挥技术标准、专家智库及行业协会的作用，有效应对开发过程中的各种风险，保障了地下空间建设及运营的安全，整体处于国内领先水平。

二、上海地下空间应急管理的组织体系

（一）领导机构

上海市突发事件应急管理工作由市委、市政府统一领导，市政府是突发事件应急管理工作的行政领导机构。市城运应急委决定和部署突发事件应急管理工作。

上海市地下空间管理联席会议（以下简称"联席会议"）负责地下空间应急管理工作的统一指导和综合协调。联席会议由市政府分管

副秘书长担任召集人，成员由市住房城乡建设管理委、市国动办、市交通委、市公安局、市应急局、市消防救援总队、市水务局、市市场监管局、市卫生健康委、市发展改革委、市经济信息化委、市规划资源局、市绿化市容局、市房管局、申通集团等部门和单位的分管领导担任，并根据地下空间突发事件处置的需要，进行补充和调整。联席会议办公室（以下简称"市地空联办"）设在市住房城乡建设管理委。

（二）应急联动机构

市应急联动中心设在市公安局，作为上海市突发事件应急联动先期处置的职能机构和指挥平台，履行应急联动处置较大和一般突发事件、组织联动单位对特大或重大突发事件进行先期处置等工作。

（三）工作机构

1. 市地空联办主要职责

协调、推进本市地下空间应急体系建设和监督检查；编制和修订本市地下空间应急预案，指导各区、市级应急管理单元地下空间应急预案的编制与修订；综合协调本市地下空间应急演练、宣传培训等工作；加强智力储备和专家库建设，为地下空间突发事件应急处置提供支持；参与相关突发事件的应急处置、调查、评估等工作；承办市政府和市城运应急委交办的其他事项。

2. 各市级应急预案的职能部门及责任单位主要职责

根据相关预案，对地下空间突发事件实施应急处置，公安、应急、消防、国动、水务、交通、环保、市场监管等部门要针对地下空间突发事件的特殊性，强化应急处置相关工作。

3. 各区政府、市级应急管理单元主要职责

对辖区内的地下空间突发事件实施属地管理。各区政府、市级应急管理单元可参照市地下空间管理联席会议的模式，建立本区域的地下空间应急管理机制，统一领导地下空间突发事件应急管理工作。

4. 地下空间产权人、物业服务企业或者自行管理执行机构和使用人主要职责

对地下空间突发事件实施先期处置，组织人员开展自救互救，及时报告突发事件情况，提供应急处置需要的信息资料和人力物力资源，参与和保障应急处置行动。

（四）专家机构

市地空联办负责建立地下空间突发事件应急处置的专业人才库，组织聘请有关专家组成专家咨询组，为地下空间应急处置提供决策建议与科技支撑，必要时协助组建专家组参加地下空间应急处置与救援等工作。

三、上海地下空间面临的风险和挑战

（一）上海地下空间面临易损性风险

1. 潜在结构病害风险

部分老旧地下空间年久失修、结构老化、维护不力，存在潜在病害损坏如开裂、漏水、腐蚀、不均匀沉降等问题。

结构开裂：由于地下水压力、土壤沉降、地震或结构材料老化等原因引起长期使用和荷载作用下，地下空间的结构可能会出现开裂问

题，如墙体、地板或天花板的裂缝。

漏水问题：老旧地下空间的防水层或管道系统可能存在老化、损坏或缺陷，导致水从外部渗透到地下空间中，会引起地下空间的湿度增加，促进结构腐蚀和霉菌生长，进而导致墙体、地板或天花板的病害。

结构腐蚀：地下空间中的结构材料可能会受到湿度、化学物质或盐分的侵蚀，从而导致结构材料的腐蚀和损坏。特别是在潮湿环境下，钢筋可能会发生锈蚀，混凝土可能会受到侵蚀，这将削弱结构的强度和稳定性。

不均匀沉降：地下空间的不均匀沉降是指地下空间不同部分的沉降速度不一致。这可能由于地下土层的差异、基础设计不当或地下水位变化等因素引起。不均匀沉降可能导致地下空间的结构不稳定、地板倾斜或墙体变形。

2. 暴雨洪涝风险

由于受海陆地理环境、热岛效应等交替作用，以及地面沉降、海平面上升等影响，上海易出现台风、暴雨、天文高潮、洪水灾害等多灾种叠加，且暴雨、台风等灾害天气频次、强度呈增大趋势，特别是主汛期7、8、9月，地下空间由于其特殊的工程位置与结构形式存在积水内涝的风险。

高降雨频次和强度：上海暴雨和台风等灾害性天气事件在主汛期（7、8、9月）较为频繁，且呈现增加的趋势。这些暴雨事件可能导致地表积水和城市内涝，对地下空间造成影响。

地下空间的工程位置和结构形式：地下空间位于地下，容易受到地面降雨的影响。地下停车场、地下商场等地下空间的设计和建设需要考虑防水、排水等措施，以减少积水和内涝风险。

地面沉降和海平面上升：上海地面存在一定程度的沉降现象，同时海平面上升也增加了城市的洪涝风险。这可能导致排水系统的不畅，增加地下空间积水的可能性。

热岛效应：上海作为大都市，热岛效应使得城市内部温度较高，加剧了降雨时的蒸发和蓄热现象，导致降水集中、排水不畅，进而增加了地下空间积水和内涝的风险。

3. 火灾风险

地下空间相对封闭，对外交通及连接方式有限，运营中易因设备故障或人员使用不当等引发火灾，尤其是近年来随着地下空间内电动车或电动汽车等大功率充电设施引入，可能诱发火灾隐患并导致严重后果。

设备故障：地下空间中的设备可能存在故障或损坏，如电气设备、照明设备、通风系统等。这些故障可能引发火灾，特别是电气设备故障可能导致火源。

人员使用不当：地下空间的使用人员可能存在使用不当、疏忽大意或违规操作等行为，如在不允许的区域吸烟、乱扔易燃物品等，这些不当行为可能引发火灾。

大功率充电设施：近年来，随着电动车或电动汽车的普及，地下车库内安装大功率充电设施的增加，可能存在充电设备故障、电池问题或过载等情况，容易引起车辆"火烧连营""闷烧"，增加了火灾的潜在风险。

难以疏散：地下空间相对封闭，通常只有有限的出口和疏散通道，一旦发生火灾，疏散人员可能面临困难，增加人员安全的威胁。

4. 邻近施工干扰风险

地下空间邻近区域基坑开挖、桩基施工、周边穿越和过量堆载等第三方活动，极易对既有地下空间结构造成破坏，甚至引起塌陷等重大事故。

地下空间结构破坏：邻近工程施工可能引起地下空间结构的破坏，例如地下墙体、地板、支撑系统等受到振动、侧压或挤压而发生破裂、位移或变形。

地下水渗漏：邻近工程施工过程中可能破坏周围土体的连续性，导致地下水的渗漏进入地下空间，增加地下空间的湿度，可能引发漏水、渗漏和地下水涌入等问题。

地下空间沉降：邻近工程施工引起的土体变动可能导致地下空间的沉降，尤其是在软弱土层中更为明显。过大的沉降可能导致地下设施的破坏或功能受限。

地下空间安全隐患：邻近工程施工过程中的挖掘、倒运和堆载等作业可能导致地下空间的安全隐患，如坍塌、滑坡、崩塌等，给人员和设备带来风险。

（二）城市地下空间内部受灾的特征

有相当大比例的研究认为，地下空间使用不安全是从地下空间的灾害事件而来的。发生在地下空间内部的灾害多是人为灾害，具有较强的突发性及复合性。地下环境的一些特点使地下空间内部防灾问题更复杂、更困难，因防灾不当所造成的危害也就更严重。地下空间内部环境的最大特点是封闭性。除有窗的半地下室，一般只能通过少量出入口与外部空间取得联系，给防灾救灾带来许多困难。

总结地下空间的易损性，主要存在以下特点：

1. 地下空间内部方向感差，灾害时易造成恐慌

在封闭的室内空间中，容易使人失去方向感，特别是那些大量进入地下空间但对内部布置情况不太熟悉的人，容易迷路。在这种情况下发生灾害时，心理上的惊恐程度和行动上的混乱程度要比在地面建筑中严重得多。内部空间越大，布置越复杂，这种危险就越大。

2. 地下空间内部通风困难

在封闭空间中保持正常的空气质量要比有窗空间困难。进、排风只能通过少量风口，在机械通风系统发生故障时很难依靠自然通风补救。此外，封闭的环境使物质不容易充分燃烧。在发生火灾后可燃物的发烟量很大，对烟的控制和排除都比较复杂，对内部人员的疏散和外部人员的进入救灾都是不利的。

3. 地下空间内部人员疏散避难困难

地下环境的另一个特点是处于城市地面高程以下，人从室内向室外的行走方向与在地面多层建筑正好相反，从地下空间到地面开敞空间的疏散和避难都要有一个垂直上行的过程，比下行要消耗体力，从而影响疏散速度。同时，自下而上的疏散路线，与内部的烟和热气流自然流动的方向一致，因而人员的疏散必须在烟和热气流的扩散速度超过步行速度的条件下进行完毕。由于这一时间差很短暂，又难以控制，故给人员疏散造成很大困难。

4. 地下空间易受地面滞水倒灌

这个特点使地面上的积水容易灌入地下空间，难以依靠重力自流排水，容易造成水害，其中的机电设备大部分布置在底层，更容易因水浸而损坏，如果地下建筑处在地下水的包围之中，还存在工程渗漏水和地下建筑物上浮的可能。

5. 地下空间阻碍无线电通信

地下结构中的钢筋网及周围的土或岩石对电磁波有一定的屏蔽作用，妨碍使用无线电通信，如果有线通信系统和无线通信用的天线在灾害初期即遭破坏，将影响内部防灾中心的指挥和通信工作。

6. 易酿成大灾

附建于地面建筑的地下室，即与地面建筑上下相连，在空间上相通，这与单建式地下建筑有很大区别，因为单建式地下建筑在覆土后，内部灾害向地面上扩展和蔓延的可能性较小，而地下室则不然。一旦地下发生灾害，对上部建筑物会构成很大威胁。在日本对内部灾害事例的调查中，就有相当一部分灾害起源于地下室，最后导致整个建筑物受灾。

四、对策建议

（一）地下空间易损性风险对策建议[1]

发生于地下空间内部的灾害，应对策略从既有地下建筑设计规范、标准、典型工程案例和灾害事件中总结策略如下：

1. 城市地下空间防火灾的规划策略

城市地下空间防火应以预防为主，火灾救援以内部消防自救为主，一般采用下列规划对策：

---

[1]　赫磊：《城市地下空间防灾理论与规划策略》，同济大学出版社 2019 年版，第 66 页。

（1）确定地下空间分层功能布局

明确各层地下空间功能布局。地下商业设施不得设置在地下 3 层及以下。地下文化娱乐设施不得设置在地下 2 层及以下。当位于地下 1 层时，地下文化娱乐设施的最大开发深度不得深于地面以下 10 米。具有明火的餐饮店铺应集中布置，重点防范。

（2）防火防烟分区

每个防火防烟分区范围不大于 2000 平方米，不少于 2 个通向地面的出入口，其中不少于 1 个直接通往室外的出入口。各防火防烟分区之间连通部分设置防火门、防火闸门等设施。即使预计疏散时间最长的分区，其疏散结束时间也须短于烟雾下降的时间。

（3）地下空间出入口布置

地下空间应布置均匀、足够通往地面的出入口。地下商业空间内任何一点到最近安全出口的距离不得超过 40 米。每个出入口的服务面积大致相当，出入口宽度应与最大人流强度相适应，保证快速通过能力。

（4）核定优化地下空间布局

地下空间布局尽可能简洁、规整，每条通道的折弯处不宜超过 3 处，弯折角度大于 90°，便于连接和辨认，连接通道力求直、短，避免不必要的高低错落和变化。

（5）照明、疏散等各类设施设置

依据相关规范，设置地下空间应急照明系统、疏散指示标志系统、火灾自动报警装置、应急广播视频系统，确保灾时正常使用。

2. 城市地下空间防水灾的规划策略

（1）城市地下空间防洪排涝设防标准

城市地下空间防洪排涝设防标准应在所在城市防洪排涝设防标准

的基础上，根据城市地下空间所在地区可能遭遇的最大洪水淹没情况来确定各区段地下空间的防洪排涝设防标准。城市地下空间室外出入口的地坪高程应高于该地区最大洪水淹没标高 50 厘米以上，确保该地区遭遇最大洪水淹没时，洪（雨）水不会从地下空间出入口灌入地下空间。

（2）布置确定城市地下空间各类室外洞孔的位置与孔底标高

城市地下空间防灾规划首先应确保地下空间所有室外出入口、洞孔不被该地区最大洪（雨）水淹没倒灌。因此，防水灾规划需确定地下空间所有室外出入口、采光窗、进排风口、排烟口的位置；根据该地下空间所在地区的最大洪（雨）水淹没标高，确定室外出入口的地坪标高和采光窗、进排风口、排烟口等洞孔的底部标高。室外出入口的地坪标高应高于该地区最大洪（雨）水淹没标高 50 厘米以上，采光窗、进排风口、排烟口等洞孔底部标高应高于室外出入口地坪标高50 厘米以上。

（3）核查地下空间通往地上建筑物的地面出入口地坪标高和防洪涝标准

城市地下空间不仅要确保通往室外的出入口、采光窗、进排风口、排烟口等不被室外洪（雨）水灌入，而且还要确保连通地上建筑的出入口不进水。因此，需要核查与其相连的地上建筑地面出入口地坪是否符合防洪排涝标准，避免因地上建筑的地面出入口进水漫流造成地下空间水灾。

（4）城市地下空间排水设施设置

为将地下空间内部积水及时排出，尤其是及时排出室外洪（雨）水进入地下空间的积水，通常在地下空间最低处设置排水沟槽、集水井和大功率排水泵等设施。

（5）地下贮水设施设置

为确保城市地下空间不受洪涝侵害，综合解决城市丰水期洪涝和枯水期缺水问题，可在深层地下空间内建设大规模地下贮水系统，或结合地面道路、广场、运动场、公共绿地建设地下贮水调节池。

（6）地下空间防水灾保护措施

为确保水灾时地下空间出入口不进水，在出入口处安置防淹门或出入口门洞内预留门槽，以便遭遇难以预测洪水时及时插入防水挡板。加强地下空间照明、排水泵站、电器设施等防水保护措施。

3. 城市地下空间应对恐怖袭击的规划策略

城市地下空间应对恐怖袭击规划主要包括以下三个方面：

（1）城市地下空间监控系统规划布局

应对恐怖袭击，城市地下空间应建立完整严密的监控系统。从地下空间出入口、各防火防烟分区、各联系通道以及采光窗、进排风口、排烟口、水泵房等设施均需要设置监控设施，全方位、全时段监控地下空间运行情况。每个出入口各个方向均需设置监控设施，每个防火防烟分区设置不少于 2 个监控设施；每条联系通道不少于 2 个监控设施，且每个折弯处均应设有监控设施。

（2）城市地下空间避难掩蔽场所布局

城市地下公共空间应在若干防火防烟分区间设置集警务、医务、维修、监控设施于一体，有一定可封闭空间容量的避难掩蔽所。避难掩蔽所应耐烟、耐火，具有独立送风管道，确保其安全、可靠。避难掩蔽所用作恐怖袭击发生时，地下空间内人员临时躲避场所；发生火灾时，地下空间内人员难以全部撤离时可作为临时避难场所。

（3）城市地下公共空间应对恐怖袭击的防护措施

为确保地下公共空间免受恐怖袭击，应加强地下公共空间入口安全检测，杜绝用于恐怖袭击的物品进入地下公共空间。在交通高峰期，实施人流预先控制，减少人流拥挤对安检的压力。建立地下公共空间安全疏散机制，拟制安全疏散预案。同时，将安全监控系统与地下公共空间的运行、维护、信息系统联动成一体，及时高效地应对恐怖袭击。

（二）城市地下空间安全运行对策建议[1]

1. 加强精细化管理，提升地下空间韧性能力

要做好上海超大城市地下空间常态化、长效化、精细化管理，实现全球城市管理卓越水平，必须借鉴全球城市先进经验，从免疫力、治愈力、恢复力多维度加强地下空间管理标准精细化、规划精细化、勘察设计精细化、建设施工精细化、运行管理精细化、法律法规精细化，同时充分利用信息化和高科技提供地下空间精细化管理水平。

（1）做好规划布局和勘察设计精细化

形成地下空间规划体系，编制浅、中、深三层地下空间立体化、网络化、集约化开发利用总体规划布局，制定地下空间控制性详细规划技术标准，编制重点地区立体化的地下空间控制性详细规划方案，制定地下空间项目规划设计技术规范。

（2）制订精细化施工建设和工程管理方案

应对地下空间立体化、复杂化开发要求，须加强项目建设管理，

---

[1]　陈丽蓉、顾国荣：《城市地下空间开发建设风险防控》，同济大学出版社2018年版，第230页。

制订精细化项目施工和管理方案，制订应急管理方案和预案，确保施工安全和质量。

（3）完善安全运营的精细化管理机制

按照无死角、无缝隙、无遗漏、全覆盖、全天候的要求，优化地下空间管理机制，建立统一的管理平台，明确责任主体和主要责任，克服多头管理带来的问题，加强地下防灾减灾方案的演练并使其常态化。

（4）制定上海地下空间精细化管理标准

对标国际卓越城市，按全过程精细化管理要求，完善规划设计、工程施工、施工管理、安全运行、管理等流程标准，确保地下空间开发利用安全、有序。

2. 围绕地下轨道交通、长隧道和生命线工程等地下空间开发利用的实时风险监控

（1）结构监测

利用传感器网络和监测设备对地下轨道交通、长隧道和生命线工程等地下空间的结构进行实时监测。监测参数包括振动、位移、应力、变形等，以及相关环境因素如温度、湿度等。通过连续监测结构状态，及时发现异常变化，预测潜在风险。

（2）地下水监测

进行地下水位、水质和渗流量等的实时监测。地下水对于地下空间的稳定和运行具有重要影响，因此，及时监测地下水情况，特别是在长隧道和生命线工程中，有助于预测地下水渗漏和涌水风险。

（3）气体监测

利用气体传感器和监测设备进行有害气体和可燃气体的实时监

测。地下空间中可能存在的有毒气体、燃气泄漏等情况会对人员安全和设备运行带来风险，因此对气体进行实时监测是必要的。

（4）火灾监测和报警系统

安装火灾监测设备，包括烟雾探测器、火焰探测器等，实时监测地下空间的火灾风险。当火灾发生时，系统能够自动报警，并触发相应的应急响应措施，保障人员安全和设施完整。

（5）实时数据分析和预警

通过对实时监测数据的采集和分析，建立风险预警系统。利用数据模型和算法，对地下空间的风险进行评估和预测，及时发出预警信息，提醒相关人员采取相应措施。

（6）远程监控和应急响应

建立远程监控中心，实现对地下空间的远程监控和管理。监控中心可以实时接收并分析监测数据，同时具备应急响应能力，能够迅速应对突发事件和紧急情况。

3. 聚焦重要基础设施沿线地下地质结构，改造灾害智能预警与抗灾技术体系

（1）监测与预警系统

建立地下空间的实时监测系统，包括结构监测、地下水监测、气体监测等。通过传感器网络和监测设备采集数据，结合数据分析和模型预测，实现对地下空间灾害风险的实时监测与预警，提前发现潜在的灾害威胁。

（2）智能决策支持系统

基于监测数据和模型预测结果，开发智能决策支持系统，用于灾害应急决策和抗灾方案制定。系统能够提供灾害风险评估、预警信息展示、应急响应建议等功能，帮助决策者做出及时、科学的决策。

（3）抗灾改造技术

对已有地下空间进行抗灾改造，包括结构加固、防水处理、防火措施等。根据地下空间的不同特点和风险，采取相应的技术措施，提高其抗震、防水、防火等能力，降低灾害风险。

（4）应急避难设施建设

针对地下空间在灾害发生时的应急避难需求，设计和建设相应的应急避难设施。这些设施应具备足够的容量和生命支持设备，能够提供临时安全的避难场所，保护人员的生命安全。

（5）数据共享与联动

建立地下空间灾害预警与抗灾改造技术体系的数据共享与联动机制。不同部门和机构之间的数据共享可以提高灾害预警和抗灾决策的准确性和时效性，促进资源的合理调度和协同作战。

（6）培训与演练

定期组织地下空间灾害应急演练和培训活动，提高相关人员的应急响应能力和灾害防范意识。包括应急指挥人员、救援人员和地下空间管理人员在内的各类人员都应接受相关培训，熟悉应急预案和操作流程。

4. 开展超大型综合体地下空间施工安全控制技术研究

（1）地下空间工程风险评估与管理

开展地下空间施工风险评估，包括地质环境风险、结构安全风险、施工工艺风险等，制定科学的风险管理措施，并建立风险监测与预警系统，实现风险的及时识别与控制。

（2）地下空间施工方法与技术

针对超大型综合体地下空间的特点，研究适应性强、高效安全的施工方法与技术，包括隧道开挖技术、地下连续墙施工技术、土体加固与支护技术等，确保施工过程中的安全性和施工质量。

（3）地下空间施工过程监控与管理

开发地下空间施工过程的实时监控与管理系统，通过传感器网络、无人机等技术手段，对施工进度、施工质量、工程安全等进行实时监测与评估，及时发现问题并采取相应措施。

（4）施工人员安全培训与管理

加强对地下空间施工人员的安全培训与管理，增强他们的安全意识和应急能力。包括对特殊工种的技能培训、安全操作规程的制定与执行，确保施工人员在高风险环境下的安全施工。

（5）应急预案与救援措施

制定完善的地下空间施工应急预案和救援措施，明确各方责任和行动计划，建立应急响应机制，确保在灾害事件发生时能够快速、有效地进行应急救援和人员疏散。

（6）智能化技术在施工安全中的应用

探索人工智能、物联网、大数据等智能化技术在超大型综合体地下空间施工安全中的应用，如智能监测与预警系统、虚拟仿真与模拟技术、无人机巡检等，提高施工安全管理的效率和精确性。

5　加强工程保险制度的创新与推广

面对地下空间开发向深层和网络化拓展的新风险与新挑战，除了加强精细化管理和新技术研发外，可借助工程保险制度来规避风险、降低损失。工程保险和工程担保制度在国际上都是工程风险管理的主要方法，可实现对工程风险的有效防御，避免或减少损失的发生。

（1）强化工程保险制度

目前，国外的工程保险可分为强制性保险和自愿性保险。所谓强制性保险，就是按照法律的规定，工程项目当事人必须投保的险种，但投保人可以自主选择保险公司；所谓自愿性保险，则是当事人根据自己的需要自愿参加的保险，其赔偿或给付的范围以及保险条件等，均由投保人与保险公司根据订立的保险合同确定。目前，国内的工程保险制度还处于起步阶段，并且大部分都是企业的自愿性保险，但是对于技术难度大、风险高、社会影响大的深层地下空间开发或者水平拓展项目来说，有必要探索从法律或者制度上强制实施工程保险的可行性，一方面强化各参与单位的风险意识，同时，工程强制性保险类似于机动车交通事故责任强制保险，可在一定程度上保障各相关方利益，减少工程损失，确保工程顺利进行。

（2）推出针对性的地下空间开发工程保险的险种

国外的工程保险类型丰富，涵盖人身保险、财产保险及信用保险等，险种有建筑工程一切险、雇主责任险、人身意外伤害险、职业责任险、机动车辆险等。针对地下空间深层开发和水平网络化拓展的趋势，由于其风险和挑战与常规地下空间项目不同，因此，有必要在规划和可行性研究阶段，请保险公司提前介入，根据工程特点和难点制订针对性的险种，如深层地下空间相关技术或装备研发的保险、新技术试用保险等，从而提高地下空间深层开发和水平拓展项目的风险应对能力。

后 记

2022 年以来，同济大学城市风险管理研究院承担市政府决策咨询课题"上海安全生产安全运行重要风险防范研究"，住房城乡建设部"超大特大城市治理中的风险防控研究"，市住建委、市发改委和市应急局共同委托"关键基础设施韧性精细化提升研究"，以及开展"上海市防灾减灾规划（2022—2035）"课题研究，编撰"上海城市安全运行发展报告（2021—2022）"，在此基础上形成项目成果"关键基础设施视角下的城市韧性体系构建与发展研究"，入选 2023 年上海优秀智库报告，首先感谢专家们的肯定与指正。

按照公开出版物要求，我院组织团队将课题报告转化为书稿，经过较为系统的归纳梳理与充实调整，取名《超大城市韧性建设》呈现给公众，这是继我院《超大城市风险治理》《超大城市智慧应急》之后又一成果。近年来韧性建设是一个热点话题，有不少研究论述，我院自 2018 年探讨安全韧性城市，2021 年以来我多次在中国浦东干部学院、上海市委党校等讲授安全韧性城市，2021 年 4 月、2022 年 12 月在解放日报"思想者"专栏探讨打造"安全韧性城市"上海应该怎么做，面对"黑天鹅""灰犀牛""大白象"如何让城市更有韧性。近两年来我们结合学习贯彻党的二十大报告，进一步深入探索韧性建设内涵，按照全生命周期的免疫力、治愈力、恢复力这"三个力"来诠释安全韧性的要义，实现风险可防可控可救。关键基础设施我们聚焦在水电燃气电信交通构成的城市生命线，也更体现城市是有生命的，要像爱护生命一样守护城市生命线。城市安全向韧性能力提升迈进，正是应对新风险、新挑战，城市风险防控能力提升的方向和重要内容。

在《超大城市韧性建设》成书之际，我代表同济大学城市风险管理研究院衷心感谢交通运输部原副部长徐祖远、上海市原副市长沈骏等领导的关心指导，感谢上海市防灾减灾研究所、上海市安全生产科学研究所、上海市发展改革研究院、上海建科股份有限公司等同道的交流启发，感谢市住建委、市交通委、市应急局等政府部门的指点帮助。本书分为理论与态势、现状与评价、实践与探索三个板块，撰稿主要由我院理论研究中心会同宣传教育中心等进行，主要撰稿人为：第一章苑辉，第二章李欢，第三章第一节文曦和张祎琦、第二节赵风斌、第三节陈雯艳、第四节李欢，全书由苑辉、李欢统稿，蒋勤承担协调工作，尹小贝在多项课题中承担较多工作，同事们互相启发、互为赋能，在研究讨论中丰富我院研究成果，提升研究质量，其中离不开院其他部门的协助和专家团队的指教，在此一并致谢。

《超大城市韧性建设》有幸交付出版，形成"超大城市"三部曲，是对我们的肯定和鼓励，非常感谢上海人民出版社编审团队悉心指导，并恳请广大专家读者给予批评指正，共同为高质量发展、高效能治理贡献力量。

孙建平

2023 年 6 月

图书在版编目(CIP)数据

超大城市韧性建设:关键基础设施安全运行的上海
实践/孙建平等著.—上海:上海人民出版社,2023
(上海智库报告)
ISBN 978 - 7 - 208 - 18487 - 9

Ⅰ.①超… Ⅱ.①孙… Ⅲ.①特大城市-基础设施建
设-风险管理-研究-上海 Ⅳ.①F299.275.1

中国国家版本馆 CIP 数据核字(2023)第 154726 号

责任编辑 宫兴林
封面设计 懂书文化

上海智库报告
超大城市韧性建设
——关键基础设施安全运行的上海实践
孙建平 苑 辉 李 欢 等 著

出　　版	上海人民出版社	
	(201101　上海市闵行区号景路 159 弄 C 座)	
发　　行	上海人民出版社发行中心	
印　　刷	上海新华印刷有限公司	
开　　本	787×1092　1/16	
印　　张	15.5	
插　　页	2	
字　　数	174,000	
版　　次	2023 年 9 月第 1 版	
印　　次	2023 年 9 月第 1 次印刷	

ISBN 978 - 7 - 208 - 18487 - 9/D · 4181
定　　价 70.00 元